Übungsreihen für Geistigbehinderte
– Konzepte und Materialien –
Hrsg. Susanne Dank

H: **Schwerpunkte der Förderung**

Heft **H 5**

Monika Köhnen / Erika Roos

Nichtsprechende Kinder reden mit

Unterstützte Kommunikation im Unterricht

 verlag modernes lernen - Dortmund

Bedanken möchten wir uns bei den Pädagogischen Fachkräften Frau Kordel und Frau Roth für die gute Zusammenarbeit sowie bei den Schülern der Unterstufe 2 der Levana Schule Schweich

---

© 2002 verlag modernes lernen, Borgmann KG, D - 44139 Dortmund

Herstellung: Löer Druck GmbH, 44139 Dortmund

 Bestell-Nr. 3636   ISBN 3-8080-0487-8

Inhalt

Vorwort

In den letzten Jahren vergrößerte sich in unserer Schule die Anzahl der Schüler, die nicht oder nicht ausreichend über Lautsprache verfügen. Auch in unserer Klasse wuchs ihr Anteil stetig. Mit jedem Schüler machten wir uns auf die Suche nach individuellen Wegen der Verständigung. Unterstützte Kommunikation bekam einen festen Platz in unserer Teambesprechung, Kommunikationsförderung wurde verstärkt zum durchgängigen Unterrichtsprinzip.

Die Schüler haben uns motiviert und sie beeindrucken uns weiterhin. Immer wieder konnten wir erleben, wie Schüler durch Unterstützte Kommunikation ihre kommunikativen Kompetenzen erheblich erweiterten, wie sie ihr Verhalten änderten, mit welcher Freude sie sich mit den gewonnenen Möglichkeiten in den Unterricht einbrachten, welches Potential in ihnen steckte. Dabei kam ihnen unser Konzept der vorhabenorientierten Freiarbeit sehr entgegen.

Unsere positiven Erfahrungen verbunden mit der Beobachtung, dass trotz Schülerbedürfnissen noch in zu wenig Schulen die Möglichkeiten Unterstützter Kommunikation genutzt werden, drängen nach Ausdruck, nach Weitergabe. Die dargestellte Unterrichtspraxis ist unser Versuch den Kindern unserer Klasse unter unseren konkreten Bedingungen zu entsprechen. Wir möchten damit Lust und Mut machen sich selbst auf den Weg zu begeben.

Wir würden uns mit den Schülern freuen, wenn unser Heft einen Beitrag dazu leisten könnte, dass Unterstützte Kommunikation in den Schulen, in denen nichtsprechende Kinder unterrichtet werden, ihre gleichberechtigte Anwendung zur Lautsprache findet.

Zum Aufbau des Heftes

Teil 1 (Einführung in die Unterstützte Kommunikation) gibt einen Einblick in Kommunikationshilfen, das Wesen und die Elemente Unterstützter Kommunikation und zeigt ihre Bedeutung für Schüler auf, die nicht oder nicht ausreichend über Lautsprache verfügen. Überlegungen zur unterrichtskonzeptionellen Entsprechung der Ziele Unterstützter Kommunikation runden diesen theoretischen Hintergrund der folgenden unterrichtspraktischen Teile ab.

Die Teile 2 (Unterstützte Kommunikation im Vorhabenunterricht) und 3 (Unterstützte Kommunikation im Unterrichtsalltag) veranschaulichen Möglichkeiten der konkreten Umsetzung Unterstützter Kommunikation im Unterricht innerhalb des Klassenverbandes, eingebunden in eine gezielte Förderung der Entwicklung einer Klasse hin zu einer Klassengemeinschaft und der Kommunikation der Schüler untereinander. Teil 2 soll verdeutlichen, dass Unterstützte Kommunikation ihren Platz in jedem beliebigem Vorhaben finden kann, Teil 3 ihre Bedeutung in täglich wiederkehrenden Situationen hervorheben. Das der Unterrichtspraxis zugrunde liegende Konzept des selbstgesteuerten Lernens in vorbereiteter Umgebung kann dabei nur in seinen konkreten Berührungspunkten zur Unterstützten Kommunikation gestreift, nicht jedoch dargestellt werden. Hierzu sei auf die Ausführungen in Heft 2 der Übungsreihen „Freiarbeit macht Spaß" (Köhnen, 1997) und in Heft 4 „Vorhabenorientierte Freiarbeit" (Köhnen; Roos, 1999) verwiesen.

Teil 4 (Jens, Beate und Anke machen sich verständlich ....) beschreibt anhand von 3 Beispielen wie individuelle Kommunikationssysteme entwickelt werden können.

Die Teile 2-4 sind nur aus Gründen der übersichtlichen Darstellung voneinander getrennt. In der Unterrichtspraxis bedingen sie sich gegenseitig: Der Blick auf die individuellen Möglichkeiten ist Grundlage für die Gestaltung Unterstützter Kommunikation im Vorhabenunterricht und im Unterrichtsalltag, wobei die Anwendung im Vorhaben und in täglich wiederkehrenden Situationen wechselseitig positiv wirken. Die Erweiterung der kommunikativen Kompetenzen im Unterricht trägt wiederum zur Weiterentwicklung der individuellen Kommunikationssysteme bei. Die Teile 2-4 können daher in beliebiger Reihenfolge oder „parallel" gelesen werden.

Lesern, die als Einstieg in ein Thema konkrete Schülerbeschreibungen einem theoretischen Überblick (Teil 1) vorziehen, wird empfohlen erst mal zu Teil 4 vorzublättern.

Im Anhang finden sich Beschreibungen von Materialien zum selbstgesteuerten Lernen zum Förderaspekt „Kommunikation", Schwerpunkt „Unterstützte Kommunikation" sowie entsprechende Kopiervorlagen. Die Materialsymbolkärtchen (Kopiervorlagen 10) können im Sinne Unterstützter Kommunikation zur Materialauswahl, zur Dokumentation, zur Reflexion, zum Erzählen zu Hause, ... verwendet werden. Materialien und Kopiervorlagen sind individuelle Antworten auf individuelle Förderbedürfnisse. Sie können für die eigenen Schüler variiert oder als Anregungen verstanden werden, die Ideen für die eigene Klasse entstehen lassen können.

Teil 1: Einführung in die Unterstützte Kommunikation

Unterstützte Kommunikation – Was ist das?

Unter dem Begriff „Unterstützte Kommunikation" (englisch: „Augmentative and Alternative Communication", abgekürzt AAC) werden alle Kommunikationshilfen, -strategien und -techniken zusammengefasst, die eine Erweiterung der kommunikativen Kompetenz von Menschen, die nicht oder nicht ausreichend über Lautsprache verfügen, beinhalten. Unterschiedliche Kommunikationsformen und -hilfen sollen die Kommunikation mittels gesprochener Sprache unterstützen, ergänzen oder ersetzen:

Körpereigene Kommunikationsformen sind alle Kommunikationsmöglichkeiten, die mit Hilfe des Körpers vollzogen werden können:
- Blicke
- Körperbewegungen
- Körperhaltungen
- Mimik
- Gestik
- Gebärden
- Laute, Vokalisationen
- Lautsprachreste
- Zeigebewegungen
- individuelle Signale oder Signalsysteme

Die *externen Kommunikationshilfen* umfassen nicht elektronische und elektronische Hilfen:
- Gegenstände
- Bilder
- Symbole
- Wortkarten
- Buchstabentafeln
- Computer
- Sprachcomputer

Unterstützte Kommunikation zielt darauf individuelle Kommunikationssysteme zu entwickeln, damit für die Betroffenen und ihre Bezugspersonen eine effektivere Verständigung möglich wird. Hierbei ist die Auswahl der angebotenen Kommunikationsformen und -hilfen auf die konkreten Bedingungen, Interessen und Bedürfnisse des Kindes und des Umfeldes abzustimmen. Vorhandene Kommunikationsformen sollen beachtet, integriert und erweitert werden. „Die Entwicklung eines individuellen Kommunikationssystems bedeutet sämtliche Möglichkeiten auszuschöpfen und wie ein Mosaik zusammenzufügen" (Lehrplan Rheinland-Pfalz, 2001, 315). Gleichzeitig ist die Beachtung der Besonderheit der Gesprächssituation beim Kontakt mit nichtsprechenden Menschen wichtig. Ein wesentlicher Aspekt der Unterstützten Kommunikation ist somit neben dem Einsatz und der Planung von Kommunikationshilfen die Beratung der Bezugspersonen hinsichtlich Einstellung und Gesprächsführung und die Förderung des Betroffenen hinsichtlich der Anwendung von bestimmten Kommunikationsstrategien (vgl. Kristen, 1994, 21f).

Die Bedingungen nichtsprechender Menschen können sich hinsichtlich Sprachverständnis, kognitivem Leistungsniveau, Form und Art der Wahrnehmung, den motorischen Möglichkeiten, ... sehr unterschiedlich darstellen. Der Einsatz Unterstützter Kommunikation ist nicht an das Erfüllen bestimmter Voraussetzungen, z.B. Symbolverständnis gebunden, sondern immer dann gefordert, wenn die „vorhandenen Kommunikationsbedürfnisse eines Menschen mit den ihm gegenwärtig zur Verfügung stehenden Möglichkeiten nicht zufriedenstellend erfüllt werden können" (Kristen, 1994, 16).

Betrachtet man die grundlegende Bedeutung von Kommunikation sowie die Auswirkungen eingeschränkter Kommunikationsmöglichkeiten für die persönliche Entwicklung eines Menschen (vgl. Spiegelhalter, 1998) versteht es sich als Verpflichtung erfolgreiche Kommunikationserfahrungen durch einen frühen Einsatz von Unterstützter Kommunikation zu ermöglichen.

Unterstützte Kommunikation in Lehrplänen

Unter den Kindern und Jugendlichen, die als geistigbehindert gelten und/ oder körperbehindert sind und in Sonderschulen für Geistigbehinderte oder an anderen Förderorten unterrichtet werden, gibt es viele, die sich nicht oder nicht ausreichend über Lautsprache verständigen können. In der Lehrplanentwicklung der Bundesländer weicht die einseitige Ausrichtung auf den Erwerb der Lautsprache (z.B. Bayerischer Lehrplan, 1982) der Blickrichtung „Förderung kommunikativer Kompetenzen" (z.B. Thüringerischer Lehrplan, 1998). Insbesondere der sächsische und der rheinland-pfälzische Lehrplan sprechen sich konsequent für eine gleichberechtigte Verwendung von Lautsprache und Unterstützter Kommunikation im Unterricht aus. Entsprechend ausführlich finden sich hierzu Darlegungen für die Unterrichtsarbeit:

10

Der sächsische Lehrplan (1998) gliedert den Lernbereich „Kommunikation und Lautsprache" in folgende Themen, bzw. Lernziele:
- Kommunikative Handlungen
- Erfahrungen mit Lautsprache und anderen Symbolsystemen
- Einsetzen von Lauten, Bewegung und Mimik
- Bewusstes Aufnehmen von Lautsprache und anderen Kommunikationsmitteln
- Gegenstände, Bilder und grafische Symbole als Kommunikationsmittel
- Gebärden als Kommunikationsmittel
- Gestalten von Beziehungen mittels Lautsprache, Gebärden und Bildsymbolen

Die Gliederung macht die Verknüpfung von Lautsprache und Kommunikationsmitteln aller Art deutlich.

Der Aktivitätsbereich „Kommunikation" im *rheinland-pfälzischen Lehrplan* (2001) umfasst 61 Seiten und ist in neun Bereiche kommunikativen Handelns gegliedert, die untereinander vernetzt sind:
- Miteinander
- Symbolisches
- Blicke, Mimik, Körperhaltung/Bewegung, Gesten
- Mit Lautsprache sprechen
- Mit Gebärden, Gegenständen und Computern sprechen
- Fremde Sprachen
- Fremdsprachen
- Lesen
- Schreiben

Bereits die Formulierungen „Mit........ sprechen" des 4. und 5. Bereiches weisen den Benutzer unmissverständlich auf den gleichen Stellenwert von Lautsprache und Unterstützter Kommunikation hin.

Mit Blicken, Gebärden .... und Computern sprechen

Individuelle körpereigene Kommunikationsformen

Der Erwerb oder die Anwendung der Kompetenz „Sich mit Blicken, Körperbewegungen, Lauten, Mimik, Gestik, individuellen Signalen, Lauten gezielt mitzuteilen" setzt beim Gesprächspartner die Sensibilität, bzw. die Sensibilisierung für diese Ausdrucksformen voraus. Äußerungen müssen wahrgenommen und als intentional gesehen werden. Umfang, Form und Ausprägung der Körpersignale sind mit motorischen und kognitiven Mög-

lichkeiten verbunden. Bei Blicken ist auf die Dauer des Blickes, Pupillen-
weite, Öffnung der Augen, Blickrichtung, Blickbewegungen zu achten. Auch
„die Atmung, die Körpertemperatur, die Muskelspannung und die Körperhaltung können einen Hinweis auf die Befindlichkeit geben oder entsprechende Bedürfnisse anzeigen" (Kirsten, 1994, 39). Grundlegend für den
Erhalt oder die Entwicklung von Kommunikationsbereitschaft ist die Be-
antwortung *aller* kommunikativen Signale. „Körpereigene Kommunikationsformen von Menschen ohne Lautsprache können mit der nonverbalen
Kommunikation von sprechenden Menschen identisch sein. Sie können
jedoch auch ungewöhnliche Formen annehmen oder bei gleicher Form
unterschiedliche Bedeutungen transportieren" (Lehrplan Rheinland-Pfalz,
2001, 316). Zur Verständigung ist es notwendig, dass der Gesprächspartner durch Verbalisieren oder durch Handlungen eine Rückmeldung gibt
und durch anschließendes Beobachten der Reaktion seine Interpretation
überprüft. So erlebt der nichtsprechende Mensch, dass er ernst genommen wird und vor allem, dass er sein Leben durch Kommunikation gestalten kann.

Kirsten (1994, 44) unterscheidet folgende kommunikative Funktionen:
- Verlangen nach Aufmerksamkeit
- Verlangen nach einem Gegenstand
- Verlangen nach einer Tätigkeit
- Verlangen nach Informationen
- Ausdruck von Gefühlen
- Ausdruck von Protest
- Ausdruck von Informationen
- Soziale Funktionen
- Antwort

Grundlage für die Ausschöpfung und gezielte Erweiterung kommunikativer Verhaltensweisen durch entsprechende Situationsgestaltung ist eine
intensive Beobachtung, bei der kommunikative Funktionen und die individuellen Kommunikationsformen eines Schülers in ausgewählten Situationen in Verbindung gebracht und im Team ausgetauscht werden.

Gebärden

Die Kommunikation über konventionelle Gesten und Gebärden benötigt
keine Hilfsmittel, erfordert jedoch bestimmte motorische Fähigkeiten.

Unter den konventionellen Gesten bedürfen die „Ja / Nein — Gesten"
wegen ihrer Kommunikationsbedeutung einer besonderen Erwähnung, da
die Beherrschung der Bewegungsabläufe, bzw. deren Unterscheidung er-
fahrungsgemäß vielen Schülern Schwierigkeiten bereitet und ihnen nicht
immer bedürfnisgerecht gelingt. Besonders in der Anbahnungsphase ist

eine Übereinstimmung von Bedürfnis und Kopfbewegung sensibel zu beobachten, wobei Blick, Gesichtsausdruck oder individuelle Zeichen für Ja/ Nein über das Gelingen Ausdruck geben können. Bei Unsicherheit sollte eine andere Ausdrucksform ermöglicht werden, z. B. Zeigegeste. (vgl. Lehrplan Rheinland-Pfalz, 2001, 316)

Mittels Gebärden können:
- sichtbare und abwesende Objekte benannt
- Funktionen von Gegenständen bezeichnet
- Tätigkeiten und Eigenschaften beschrieben
- Wünsche ausgedrückt
- Erlebnisse berichtet
- Ereignisse erfragt
- Rollentexte vorgetragen
- ....werden (Lehrplan Rheinland-Pfalz, 2001, 318)

Gebärden stehen oft nicht nur für ein Wort, sondern für ein Begriffsfeld, z. B. werden Substantive und die entsprechenden Verben (Arbeit – arbeiten) gleich gebärdet.

Neben ihrer lautsprachersetzenden oder -ergänzenden Funktion erweisen sich Gebärden als Hilfe bei der Sprachanbahnung und als Unterstützung beim Spracherwerb, indem sie Sprachverständnis, Begriffsbildung und die Entwicklung basaler sprachlicher Strukturen fördern. (vgl. Wilken, 2000, 30)

Beim Einsatz von Gebärden ist die Einbindung der Bezugsperson von großer Bedeutung, da das Gelingen von Kommunikation das Verstehen dieser Mitteilungsform voraussetzt.

Gegenstände, Fotos, Abbildungen, Symbole, Wortkarten

Die Entscheidung für die Art der Hilfe sowie über Anzahl, Größe und Abstraktionsgrad von Motiven muss das Symbolverständnis, die Wahrnehmungsvoraussetzungen und die motorischen und kognitiven Fähigkeiten berücksichtigen. Eine ständige Reflexion, Erweiterung und Anpassung an die Bedürfnisse und Lebensumstände des Schülers ist unerlässlich. Die Kombination von Symbolen und Schrift erleichtert dem Kommunikationspartner eine eindeutige Identifizierung und kann bei manchen Kindern zum Erkennen von Ganzwörtern führen.

Die Anwendung der Kompetenz „Sich mit Hilfe von Gegenständen, ..., Wortkarten mitteilen" setzt voraus, dass eingeführte Motive dem Schüler ständig zur Verfügung stehen, z.B. in Form von:
- Mitteilungskisten mit realen oder verkleinerten Gegenständen
- Einzelkarten (vergrößert aufgehangen, als Karteikasten oder Ordner)

- individuelle Kommunikationstafeln
- Thementafeln
- Kommunikationsordner
- ....

Eine anregende Darstellung von Möglichkeiten sowie ein Überblick mit Fotos über Symbolsammlungen (Löb, Touch'nTalk, Bliss,....) finden sich bei U. Kristen (1994).

Die Auswahl des Vokabulars

Bei der Zusammenstellung des Vokabulars der aufgeführten Kommunikationshilfen oder bei der Auswahl von Gebärden sind folgende Aspekte zu beachten:
- Bedeutsamkeit für das Kind: vitale Bedürfnisse, Interesse, besondere Vorlieben, Altersangemessenheit,..........
- Berücksichtigung von Situationen: Unterrichtsinhalte, Ereignisse (Feier, Tod einer Bezugsperson,..............)
- Funktionalität: Vielfältigkeit der Verwendung, Einsatzhäufigkeit
- bei Gebärden: Berücksichtigung der motorischen Voraussetzungen und der Nachahmungsfähigkeit

Buchstabentafeln, Computer

Anhand von Buchstabentafeln und Computern kann Schriftsprache als Ersatz für Lautsprache verwendet werden. Schriftsprache ermöglicht einen nicht durch Vorgaben eingeschränkten und somit den differenziertesten Ausdruck. Die Auswahl der Kommunikationshilfe richtet sich nach den Bedingungen des Anwenders und der Anwendungssituation.

Gestützte Kommunikation (FC)

Die Bezeichnung „Gestützte Kommunikation" ist eine Übersetzung des englischen Begriffs „Facilitated Communication" (abgekürzt FC), das erleichterte Kommunikation bedeutet. Die Nutzung von Gegenständen, Bildern, Symbolen, Wortkarten, Buchstabentafeln und Computern als Kommunikationsmittel setzt die Fähigkeit des gezielten Zeigens voraus. Es gibt Menschen, die aufgrund einer neuromotorischen oder physischen Beeinträchtigung Probleme mit der Planung und Kontrolle eigener Bewegungsabläufe haben und nicht in der Lage sind in einem bestimmten Augenblick eine bestimmte Bewegung, z.B. eine Zeigebewegung auszuführen. Gestützte Kommunikation ist eine Methode diese Menschen zum gezielten Zeigen zu befähigen: Durch eine körperliche Stütze wird ein Widerstand geboten, der u.a.:

- die kinästhetische Rückmeldung intensiviert
- niedrigen Muskeltonus erhöht
- überstürzte Bewegungen bremst
- perseverative Bewegungen unterbricht
- fehlende Bewegungsinitiative auslöst

und so die willentlich kontrollierte Bewegung erleichtert oder ermöglicht. Neben der physischen Unterstützung ist auch die emotionale und verbale Unterstützung von großer Bedeutung, indem Mut gemacht, Hilfe zur Konzentration gegeben, Probleme aufgefangen, ... der Mensch begleitet wird. Ziel des FC-Trainings ist die selbstständige Nutzung von Kommunikationsmitteln, d.h. mit der Entwicklung funktioneller Bewegungsmuster wird die körperliche Stütze immer weiter zurückgenommen (Ausblenden der Stütze).
(vgl. Nagy, 1996 und 1998; Bayerisches Staatsministerium, 2000)

„FC ist als Baustein zur Erweiterung der Mitteilungsfähigkeit zu begreifen, der vorhandene Kommunikationswege nicht ersetzt sondern erweitert und neuen Möglichkeiten die Tür öffnen kann: das Erleben erfolgreicher Kommunikation begünstigt z.B. die Anstrengungsbereitschaft (Kind) und die Forderungshaltung (Lehrkraft) für das Erlernen von Gebärden oder das Einsetzen von vorhandener Sprache (z.B. als Echolalie) im Dialog" (Lehrplan Rheinland-Pfalz, 2001, 322).

Die Anwendung der Methode setzt beim Stützer voraus:
- die Fähigkeit zur korrekten Stütze (Stütztechnik, Positionierung)
- Hintergrundinformationen zur Wirkungsweise und zur wissenschaftlichen Auseinandersetzung über die Methode
- fundierte Kenntnisse über
  - Aspekte der Vorbereitung
  - Aufbaustufen der Anleitungsphase
  - benötigtes Material
- die Auseinandersetzung mit
  - Gefahren der Beeinflussung
  - Besonderheiten der Kommunikation
  - dem Aufbau von Kommunikationsfähigkeit
  - Aspekten des verantwortungsvollen Umgangs
  - Einsatzmöglichkeiten
- spezifische Kenntnisse von neuromotorischen Aspekten als Grundlage zum Ausblenden der Stütze
- ständige Reflexion der eigenen Stützleistung

Die Teilnahme an entsprechenden Ausbildungsseminaren ist somit unerlässlich, eine die FC-Praxis begleitende Supervision zu empfehlen.

Sprachcomputer

Geräte mit natürlicher Sprachausgabe erfordern keine Schriftsprachkenntnisse, die gewünschten Wörter oder Sätze werden eingegeben und unter Symbolen gespeichert. Geräte mit synthetischer Sprachausgabe setzen geschriebene Wörter in Lautsprache um.
Sprachcomputer ermöglichen:
- Kommunikation trotz räumlicher Distanz
- Kommunikation mit unvertrauten Personen, in Gruppen, am Telefon
- eine gezielte Gesprächssteuerung
- das Ergreifen der Initiative zu einem Gespräch
- lautes Schimpfen
- ....

Der erfolgreiche Einsatz ist jedoch von der Akzeptanz des Anwenders und seiner Bezugspersonen und einer systematischen Einführung abhängig. Bei der Entscheidung für ein Gerät sind folgende Aspekte zu beachten:
- Ansteuerungs- und Anpassungsmöglichkeiten
- Kommunikationstherapie
- Speicherinhalte
- Speicherkapazität
- Transportierbarkeit
- Befestigungen
- Soft- und Hardware
- ....

Eine umfassende vorherige Information bei Herstellerfirmen oder bei einer Beratungsstelle der Gesellschaft für Unterstützte Kommunikation ist ratsam.

Nicht sprechen können heißt nicht „Nicht verstehen"

Verstehen und Sprechen sind in ihrer Entwicklung aufeinander bezogen und differenzieren sich zunehmend, wobei das Verstehen auf der jeweiligen Stufe dem Mitteilen deutlich vorausgeht (vgl. Wilken, 1996, 119). Wenn aktive Sprache ausbleibt oder eingeschränkt ist, kann umgekehrt jedoch nicht auf den Grad des Sprachverständnisses geschlossen werden. Auch aus fehlenden Reaktionen auf Ansprache kann kein Rückschluss auf das Verstehen gezogen werden: Verstehen zeigt sich zwar in Reaktionen, diese beinhalten jedoch außerdem noch die Aspekte Bereitschaft und Fähigkeit zur Reaktion. Gleiches gilt für den Rückschluss auf kognitive Fähigkeiten. „Aus dem Sprach- und Handlungsvermögen einer Person wird auf deren kognitive Fähigkeiten geschlossen. Solches Schließen ist jedoch wissenschaftlich nicht gerechtfertigt, da manche Menschen mit schweren Kommunikations- oder Handlungsstörungen kognitive Fähigkeiten bei der Verwendung herkömmlicher Testverfahren nicht zeigen können" (Bayerisches Staatsministerium, 2000, 49).

Kinder ohne oder mit eingeschränkter Lautsprache werden in der Schule oft:
- im Grad ihres Verstehens
- in ihren kommunikativen Fähigkeiten
- in ihren kognitiven Fähigkeiten
- in ihrer Entscheidungsfähigkeit
- ....
unterschätzt und so nicht adäquat angesprochen.

Fremde Sprachen

Nicht sprechen können ist nach Kristen (1994, 35f) mit folgenden Erfahrungen verbunden:
- Missverstanden werden, Fehlinterpretationen
- fehlende oder reduzierte Erfahrungen, die Umwelt beeinflussen oder das eigene Leben gestalten zu können
- reduziertes Erleben von Sicherheit, Kontakt und Wertschätzung
- häufige Frustrationen, Erleben von Hilflosigkeit und Ausgeliefertsein

Schüler ohne Lautsprache zeigen oft auffällige Verhaltensweisen. Auf dem Hintergrund der aufgeführten Erfahrungen können diese als Ausdrucksmittel verstanden werden. Im Lehrplan Rheinland-Pfalz werden Verhaltensweisen wie Schreien, sich beißen, den Nachbarn petzen, ... als „Fremde Sprachen" bezeichnet, um deutlich zu machen, dass wahrgenommene Auffälligkeiten im kommunikativen Sinne als Botschaft zu reflektieren sind.

Unterstützte Kommunikation eröffnet Wege

Unterstützte Kommunikation eröffnet Schülern, die nicht oder nicht ausreichend über Lautsprache kommunizieren können, Wege:
- sich unmissverständlich mitzuteilen
- zu erleben in ihren Äußerungen verstanden zu werden
- kommunikative Fähigkeiten zu entwickeln oder zu erweitern
- kognitive Fähigkeiten zu zeigen
- sich darzustellen und einzubringen
- Entscheidungen zu äußern
- ....

Den Bezugspersonen erschließt Unterstützte Kommunikation neue Zugangsweisen. Kommunikationsmöglichkeiten, Einstellungen, Anspracheniveau, Erwartungshaltung und Unterrichtsangebote können und müssen neu reflektiert werden. Unterstützte Kommunikation erfordert somit Offenheit für neue Erfahrungen und die Auseinandersetzung mit den vielschichtigen Wechselwirkungsprozessen im gemeinsamen Handeln. Manche Schüler, besonders oft Kinder mit autistischem Verhalten können z.B. mittels FC in Anbetracht ihres Gesamtverhaltens (Stereotypien, keine erkennbare Teilnahme) unerwartete Leistungen wie Buchstabenkenntnisse zeigen.

Mit dem Einsatz Unterstützter Kommunikation ist oft ein Rückgang von problematischen Verhaltensweisen zu beobachten. Wer seine grundlegenden Bedürfnisse, z.B. mittels Gebärden oder Kommunikationshilfen ausdrücken kann, braucht sich nicht mehr so oft zu schlagen, wer angemessene Ansprache und Lernangebote erhält, braucht keine Stühle zu werfen. Jede Erweiterung der Ausdrucksmöglichkeit beinhaltet eine Verbesserung der Lebensqualität.

Unterstützte Kommunikation bedeutet somit durch die veränderten Möglichkeiten gemeinsamen Handelns ein mehr an Entwicklungschancen und Gestaltungsmöglichkeiten.

Unterstützte Kommunikation und offener Unterricht

Kommunikationsförderung von Menschen ohne Lautsprache kann sich nicht auf den Einsatz unterschiedlicher Kommunikationsformen und -hilfen beschränken. Ebenso bedeutend ist das Arrangieren von Gelegenheiten „sich mitteilen zu können, sich Kompetenzerlebnisse verschaffen zu können, das Gefühl der Zugehörigkeit zu erleben", die ausdrückliche Gewährung und Gestaltung von Entscheidungssituationen und die Ermöglichung von Interaktionen mit Gleichaltrigen (vgl. Kristen, 1994, 123ff).

Gewohntes Schweigen zu beenden, mitzureden statt nur dabei zu sein, wenn andere miteinander oder über einen sprechen, ist ein Prozess, der Interaktionsgelegenheiten und positive Kommunikationserfahrungen benötigt und mit Persönlichkeitsentwicklung einher geht.

Unterrichtskonzeptionell kann dieser Prozess mit der Gestaltung offener Lernsituationen unterstützt werden. Als Formen offenen Unterrichtes sind Projektunterricht, Freiarbeit, Stationenlernen, Wochenplanarbeit und Werkstattunterricht bekannt. Bestimmungsmerkmale für das Konzept des selbstgesteuerten Lernens sind die Offenheit für die Verschiedenheit von Menschen und somit für unterschiedliche Lernwege, Selbsttätigkeit, Förderung von Entscheidungsfähigkeit und Selbstständigkeit, Entwicklung von

18

Eigenaktivität, Zutrauen in die eigenen Fähigkeiten, Verantwortungsbe-
wusstsein für das eigene Lernen, ... (vgl. Köhnen, 1997, 8ff).
„Die interpersonellen Beziehungsrichtungen bewegen sich nicht mehr in
erster Linie von Lehrer zu Schüler, sondern zunehmend von Schüler zu
Schüler".... durch die vielfältigen „Begegnungsmöglichkeiten, z.b. Materi-
al- oder Partnerabsprache, Zusammenarbeit, Austragen von Konflikten,
..... wächst aus dem Nebeneinander ein intensives Miteinander" (Köhnen;
Roos, 1999, 19).

Die Entfaltung der dem offenen Unterricht innewohnenden Möglichkeiten
zur Kompetenzentwicklung und die Erweiterung der kommunikativen Kompetenz durch Unterstützte Kommunikation wirken wechselseitig positiv. In
der Praxis der Unterrichtsform Freiarbeit konnten z.B. folgende Beobachtungen gemacht werden:
• Mit der Entwicklung von Eigenaktivität wächst die Kommunikationsbereitschaft
• Die täglichen Entscheidungssituationen (Wahl des Materials, des Partners und des Arbeitsplatzes) und das Erleben in seinen Entscheidungen ernst genommen zu werden fördern das Mitteilungsbedürfnis von
  Wünschen, Interessen und Vorlieben
• Zunehmende Leistungs- und Anstrengungsbereitschaft und die Möglichkeit und Bereitschaft Kommunikationshilfen anzuwenden bedingen
  sich gegenseitig
• Die Wahl von Materialien ermöglicht dem Schüler das Zeigen von
  Kenntnissen und Interessen, Unterstützte Kommunikation erleichtert
  der Lehrkraft das Bereitstellen adäquater Materialien
• Materialien, die auf Partnerarbeit zielen, fördern die Interaktion von
  sprechenden und nichtsprechenden Schülern und von nichtsprechenden untereinander
• Materialien, die Kommunikationshilfen gezielt mit einbeziehen, ermöglichen den Schülern sich auf ihre Art mit diesen auseinander zu setzen, auf ihre Art Vorbehalte und Ängste abzubauen oder so lange zu
  üben, bis sie Vertrauen in ihre Leistungen gewonnen haben

Offener Unterricht ist materialgeleitet. Grundlage für selbstgesteuertes Lernen
ist die Gestaltung der Lernumgebung und die Bereitstellung von Materialien. Indem hierbei die Bedürfnisse nichtsprechender Kinder, bedingt durch
die zugrunde liegende Haltung und das zugrunde liegende Menschenbild
berücksichtigt werden, entstehen mit der vorbereiteten Umgebung Kommunikationshilfen, die zur Unterstützten Kommunikation jederzeit zugäng-
lich sind (siehe Teil 3).

Offener Unterricht bietet neben der Strukturiertheit des Materials und des Raumes klare zeitliche Strukturen und Arbeitsregeln. Betrachtet man die hohe Übereinstimmung dieser strukturellen Aspekte mit dem TEACCH – Konzept (Treatment and Education of Autistic and related Communication handicapped CHildren) so wird deutlich, dass offener Unterricht auch durch seine Strukturiertheit nichtsprechenden Kindern sehr entgegenkommt: Struktur bedeutet Orientierung, Durchschaubarkeit, erleichtert Verstehen, nimmt Ängste, gibt Halt und hilft so insbesondere Kindern mit autistischem Verhalten selbständig zu handeln und ihr Verhalten selbst zu regulieren.

Unterstützte Kommunikation und sprechende Kinder

Kommunikation nichtsprechender Kinder mit Gleichaltrigen setzt voraus, dass diese ihre Mitteilungsformen verstehen. Der Einsatz Unterstützter Kommunikation im Klassenverband eröffnet den sprechenden Mitschülern diese Fähigkeit.

Unabhängig von diesem Aspekt kommt Unterstützte Kommunikation auch den sprechenden Kindern zugute, da ihr Einsatz u.a. folgende Möglichkeiten der Kompetenzentwicklung beinhaltet:

- Erweiterung der eigenen nonverbalen Ausdrucksmöglichkeiten durch die Auseinandersetzung mit individuellen körpereigenen Kommunikationsformen
- Erweiterung der Lesefähigkeit auf den Ebenen des Gegenstands-, Bilder-, Symbol-, Ganzwortlesens bis hin zum Schriftlesen durch den Einsatz von Gegenständen, Fotos, Abbildungen, Symbolen und Wortkarten
- Erweiterung der sprachlichen Kompetenzen durch den Einsatz von Gebärden: Die Benutzung von Gebärden für Schlüsselwörter wirkt sich positiv auf die Lehrersprache aus. Das Sprechtempo verlangsamt sich, Deutlichkeit und Akzentuiertheit nehmen zu. Hiermit erhöht sich die Verständlichkeit für den Schüler. Gebärden erhöhen die Aufmerksamkeit für Sprache, da die Schüler sich durch die Bewegung verstärkt auf den Sprecher konzentrieren. Sie unterstützen, insbesondere für Kinder die motorische und visuelle Angebote besser aufnehmen können, den Spracherwerb und den Sprachaufbau, indem sie das Wortverständnis und die Bildung von Sätzen erleichtern. Auch Texte können durch Gebärden besser behalten und vorgetragen werden, indem der Lehrer z.B. gebärdet, wenn der Schüler spricht.

Grundsätzliche Überlegungen zur Unterstützten Kommunikation im Unterricht

Die Haltung der Lehrkraft zur Unterstützten Kommunikation, die Begeisterungsfähigkeit für die Möglichkeiten, die sie für die Interaktion eröffnet und die daraus erwachsende methodischen Gestaltung beeinflussen wesentlich die Akzeptanz beim Schüler und damit verbunden sein Kommunikationsverhalten. Der Grad der Annahme wächst mit der Zunahme des Charakters der Selbstverständlichkeit und der gleichberechtigten Verwendung. Dieser Prozess findet seinen Ausdruck nicht zuletzt in Formulierungen im Umgang mit den Schülern. Begriffe der Lautsprache wie „Benennen, Absprechen, Sich austauschen, Vorsprechen, Vorlesen" können sich bedeutungsgleich auf andere Ausdrucksformen beziehen, z.B. kann man auch mit Gebärden vorlesen oder mit Bildkarten, Symbolen oder Wortkarten etwas benennen. Entsprechende Begriffe werden in den folgenden unterrichtspraktischen Teilen auch stets so verwendet.

Eine gleiche Wertung von Unterstützter Kommunikation und Lautsprache schließt eine gleiche Gewichtung von geäußerten Kommunikationsabsichten und von kommunikativen Inhalten mit ein. Gesprächsabsichten, die nicht akustisch erfolgen, müssen ebenso wahrgenommen und beachtet werden. Nutzt ein Schüler seine Kommunikationshilfe für sozial nicht so akzeptierte Mitteilungen, z.B. Schimpfwörter, für ein unbequemes Nein oder für eine Kritik, so sind diese nicht anders zu bewerten als analoge Äußerungen sprechender Kinder.

Unterstützte Kommunikation im Unterricht heißt Zeit haben, Zeit einzuplanen, Kommunikationsstrategien und -hilfen bei der Planung mit einzubeziehen. Bei der Wahl der Kommunikationshilfen sind neben den Bedingungen des nichtsprechenden Schülers die Anwendungssituation zu beachten. Im Gesamtunterricht sollten im Hinblick auf die Mitschüler kurze Mitteilungen ermöglicht werden (siehe Teil 2). Sich und den Partner ernst nehmen bedeutet wahrnehmen, wann für eine längere Mitteilung oder ein Gespräch nicht der nötige Raum vorhanden ist und einen späteren Zeitpunkt dafür absprechen.

Gespräche erfordern nicht nur Zeit, sondern auch die Veränderung des gewohnten Kommunikationsstils. Im Lehrplan Rheinland-Pfalz (2001, 324) werden für beide Kommunikationspartner u.a. folgende Gesichtspunkte zu einer förderlichen Gesprächsführung genannt:

nichtsprechender Mensch	Kommunikationspartner

• Mit eingeschränktem Vokabular (vorhandene Hilfen) zurechtkommen
• Wichtige Inhalte in einer Aussage bündeln (z.B. Symbol)
• An dem beabsichtigten Mitteilungsinhalt festhalten
• Selbst Verantwortung für den Gesprächsverlauf übernehmen
• Bereitschaft Frustrationen auszuhalten
	• Aktive Beteiligung als Zuhörer an einer Mitteilung, z.B.
	  • Inhalt durch einengende Fragen entschlüsseln
	  • Konzentration und Zugewandtheit
	  • Einfühlungsvermögen und Geduld
	• Aushalten längerer Pausenzeiten, z.B. Suchen eines Symbols
	• Für Reaktionen ausreichend Zeit lassen
	• Nie selbst die Antwort geben

Es gehört zur Unterstützten Kommunikation, dass beide Partner lernen mit Missverständnissen und Abbrüchen umzugehen, wenn etwas nicht ausgedrückt werden kann oder nicht verstanden wird.

Unterstützte Kommunikation beinhaltet den Aufbau von kommunikativen Regeln. Sehr viele nichtsprechende Schüler verfügen zu Beginn z.B. nicht über die Erfahrung, dass auf eine Frage auch eine Antwort erwartet wird. Sie haben eher erfahren, dass Fragen nur rhetorisch gestellt oder vom Gesprächspartner selbst beantwortet werden und der Versuch einer Antwort ignoriert bleibt (vgl. Braun, 1996, 138). Für den Aufbau dieser grundlegenden sowie weiterer Gesprächsregeln muss Zeit und Energie eingeplant und die Vorgehensweise im Team abgesprochen werden.

Unterstützte Kommunikation ist ein Weg, der auf der Basis gemachter Erfahrungen breiter wird. Es ist ein Prozess, der Zeit braucht, die die Lehrkraft nicht nur den Schülern, sondern auch sich selbst zugestehen sollte.

Teil 2: Unterstützte Kommunikation im Vorhabenunterricht

Das Vorhaben „Wir erforschen den Wald"

Vorbemerkung

Die Auswahl des Vorhabens erfolgte im Hinblick auf das bevorstehende Schulherbstfest und die neue Zusammensetzung unserer Unterstufenklasse. Zu Beginn des Schuljahres waren zwei nichtsprechende Schülerinnen (Anke und Beate) mit zahlreichen Verhaltensproblemen aufgenommen worden, die insbesondere Jens (Schüler mit autistischem Verhalten, nichtsprechend, 3. Schulbesuchsjahr) aus dem sich gerade angebahnten Gleichgewicht brachten. Wir benötigten ein Thema, das sowohl vielfältige Wahrnehmungs-, Bewegungs- und Kommunikationserfahrungen, Unterrichtsgänge und Handlungseinheiten als auch einen Beitrag der Klasse zum „Herbstzauber" ermöglichte.

Lerninhalte/Ziele des Vorhabens

Waldbegegnungen: Den Wald mit allen Sinnen entdecken
* Im Wald sein
* Bäume sehen und fühlen
* Waldriechen
* Waldgeräusche
* Rindenabdruck
* Laubspiele
* Mit einem Förster in den Wald gehen
* Knud führt uns durch den Wald
* Schatzsuche: Blätter, Rinde, schöne Aststücke, Baumfrüchte (Im Aug.: Eicheln, Im Sept.: Kiefern- und Fichtenzapfen, Kastanien, Buchecker)
* Auf den Spuren von Tieren: Fußspuren von Waldtieren entdecken, im Laub nach Krabbel- und Kriechtieren suchen
* Gedächtnis-Kim-Spiele mit Waldschätzen (im Klassenraum und im Wald)
* Der Wald im Schuhkarton: aus den gesammelten Schätzen einen eigenen Wald mit Waldbewohnern gestalten
* Waldlandschaft auf der Fensterbank im Klassenraum: Beobachten der Veränderung der Landschaft im September

23

Auch Bäume haben einen Namen
- „Unser Baum" auf dem Schulhof: einen Baum auswählen, betrachten, befühlen, mit ihm vertraut werden, beschreiben, auf ihn klettern
- Erkennen und Benennen der Bestandteile eines Baumes: Wurzeln, Äste, Stamm, Blätter oder Nadeln
- Baumfrüchte unterscheiden und benennen
- Ertasten von Baumfrüchten: Sortierschalen
- Blattformen unterscheiden
- Eine natürliche Farbpalette erstellen: Blätter ausgewählter Bäume im Wald suchen und auf einen Karton kleben, die Farbpalette im August mit der im September vergleichen
- Gesammelte Blätter pressen und damit gestalten
- Steckbriefe von ausgewählten Bäumen erstellen: Eiche, Kiefer, Buche, Kastanie, Fichte
- Puzzle-Quiz: Bäume
- Unterscheiden von Laub- und Nadelbäumen: Oberbegriffe
- Bestimmungsfibel von den genannten Bäumen herstellen

Wir stellen ein Buch für unsere Klassenbücherei her: „Mit Knud im Wald"
- Fotos von Verlauf und Ergebnissen des Vorhabens
- Schülerarbeiten
- Sachinformationen (Bäume, ...)

Herbstzauber: Unser Herbstfest
- Gestalten von Windlichtern mit Waldmaterialien und von Grußkarten (Blätter-Walzdruck) für den Basar unserer Klasse
- Gestalten des Klassenraums: Ein Wald im Zimmer
- Unsere Waldecke: Baumstämme, Laub, Moos,....
- Fenster und Fensterbank, Klassentür
- Martinslaternen (Walzdruck) als Dekoration für den Ast an der Decke
- Wir stellen unsere Unterrichtsarbeit vor: Fotodokumentation unseres Vorhabens und Fotodokumentation: Unser Tagesbeginn

Die fachorientierten Lehrgänge sind ins Vorhabenthema eingebunden und unterstützen und ergänzen dessen Zielsetzung

Sinneserziehung (Renate, Anke, Beate)
- Farben: Grund- und Mischfarben, Renate: hell – dunkel
- Kommode Blattformen
- Gedächtnis – Kim mit Waldmaterialien
- Einführung der Sortierschalen „Waldfrüchte"
Die in der Sinneserziehung eingeführten Materialien stehen Jens, Tom

und Timo, die zeitgleich zur Sinneserziehung mit Schrift arbeiten, bei Interesse im Rahmen der Freiarbeit zur Verfügung

Sport:
Gleichgewichts- und Koordinationsübungen:
- im Wald
- auf dem Schulgelände
- in Bewegungslandschaften zum Thema „Wald" in der Turnhalle

Musik:
- Lieder zum Thema
- Waldgeräusche mit Orff- Instrumenten

Religion
- Was mir der Baum vom Leben erzählt
- Körperübung: Der müde Baum
- Baum als Symbol für Klassengemeinschaft

Unterstützte Kommunikation als Bestandteil der Teambesprechung

Mit der zugenommenen Anzahl nichtsprechender Kinder in unserer Klasse vergrößerte sich der Besprechungsbedarf zur Unterstützten Kommunikation in unserem Team. Nicht nur bei der Erstellung des Arbeitsplans sondern auch bei den Reflexionen im Verlauf eines Vorhabens haben Überlegungen hierzu ihren festen Platz. Seit der Einführung einer vorhabenorientierten Freiarbeit ist unsere Unterrichtsplanung offen, d.h. der Plan wird gleich einem Arbeitspapier je nach eingebrachten Schülerinteressen und beobachteten Förderbedürfnissen ergänzt oder vertieft. Auch die im folgenden zur Unterstützten Kommunikation aufgeführten Materialien zum selbstgesteuerten Lernen, Gesichtspunkte und Ideen sind mit den Schülern im Vorhabenverlauf gewachsen.

Zur Auswahl der Schlüsselwörter

Im Rahmen der Arbeitsplanerstellung kann nur eine erste Auswahl von Schlüsselwörtern und deren jeweilige Angebotsart als Kommunikationshilfe erfolgen. Im Vorhabenverlauf werden je nach Interessen und Auffassungsvermögen der Schüler weitere Schlüsselwörter hinzukommen oder es muss ihre Angebotsart verändert oder erweitert werden. Für alle von den Schülern erfragten Wörtern wird natürlich mit besonderer Freude nach einer Art des Angebotes gesucht. Als Anschauungsbeispiel sollen unsere

Schlüsselwörter zum Vorhaben dienen:

Foto und Puppe als Bedeutungsträger für Unterrichtsgänge in den Wald: Durch Zeigen auf die Puppe konnten die Schüler ausdrükken, dass ein Unterrichtsgang in den Wald stattgefunden hat oder geplant ist. Jens erfragte dazu die Gebärde, wir entschieden uns für „Waldmännchen"

Abb. 1: Knud, das Waldmännchen

Abb. 2: Gebärde „Waldmännchen"

Schlüsselwörter	Angebotsart
Wald, Baum, Stamm, Wurzel, Blatt, Ast, Nadeln	als Gebärde, Gebärdenabbildung, Foto, Abbildung, Schriftbild
Eichel, Kastanie, Kiefernzapfen, Buchecker	als Gegenstände zum Bezeichnen der Früchte und der Bäume
sehen, hören, riechen, fühlen, klettern, wachsen, suchen	als Gebärde, Gebärdenabbildung, Foto (Tätigkeiten wurden auf Unterrichtsgängen fotografiert), Schriftbild

Zur Einführung der Kommunikationshilfen

Aufgrund unserer Erfahrungen mit nichtsprechenden Kindern war im Team schnell entschieden Lautsprache, Gebärden, Bilder, Fotos und Wortkarten auch in diesem Vorhaben im Gesamtunterricht nebeneinander anzubieten, um so jedem Schüler die Möglichkeit zu geben, sich seine ihm entsprechende Ausdrucksform zu wählen.

Grundsätzlich sind für die Einführung der genannten Kommunikationshilfen folgende Aspekte von besonderer Bedeutung:

- sukzessive Einführung entsprechend dem Vorhabenverlauf in den jeweiligen Handlungs- und Erlebnissituationen
- Schaffen von vielfältigen Verwendungsmöglichkeiten. Beispiel: die bei dem Teilvorhaben „Unser Baum auf der Wiese" erarbeiteten Begriffe (Stamm, Blatt, Wurzel, Ast) wurden immer wieder benötigt, z.B. bei der Bestimmung von Bäumen, bei den Themen „Unser Baum erzählt", „Baum als Symbol für Lebensgemeinschaft"
- Gelegenheit zur individuellen Auseinandersetzung mit den Kommunikationshilfen sowie dessen Verknüpfung, z.B. anhand von Materialien zum selbstgesteuerten Lernen
- Gegenstände, Fotos, Abbildungen müssen den Schülern ständig zur Verfügung stehen. Neben Mitteilungskisten, Kommunikationstafeln, Wandplakaten,.......... können auch Materialien aus dem Freiarbeitsregal als Kommunikationshilfe dienen

Jens nutzte die angebotenen Kommunikationshilfen, um sich aktiv an Unterrichtsgesprächen zu beteiligen und seine Kenntnisse „verbal" einzubringen. Hierbei benötigten Anke und Beate erst eine Zeit der Beobachtung um Kommunikationshilfen als Ausdrucksmittel und Chance für sich selbst zu erfassen. Besondere Aufmerksamkeit und Interesse fanden auch bei ihnen die angebotenen Gebärden, eine Beobachtung, die wir zum wiederholten Male machen konnten.

Gebärden als Kommunikationsmittel

Im Lehrplan Rheinland-Pfalz werden unter Gebärden folgende Kompetenzen aufgeführt:

- Bedeutungtragende Gesten und Gebärden von allgemeinen Bewegungen unterscheiden
- Gebärden mit Bedeutung verknüpfen
- Gebärden als Ausdrucksmittel und Chance für sich selbst erfassen
- Interesse an Gebärden zeigen (Aufmerksamkeit/Nachahmungsversuche)
- Bewegungsablauf von Gebärden mitvollziehen, nachvollziehen, aus dem Gedächtnis wiederholen
- Sich um Deutlichkeit bemühen („nicht mit Gebärden nuscheln")
- Gebärden sinnvoll einsetzen
- Sich nach Gebärden für persönlich bedeutsame Wörter erkundigen
- Gebärdenfolgen (Mehrwortsatz) verwenden

In der Hinweisspalte wird darauf verwiesen, den Bewegungsablauf von Gebärden in sinnvollen Situationen zu üben. Auch Wilken (2000, 30) betont: „So wie auch Wörter in natürlichem Kontext in ihrer Bedeutung erlebt werden, sollten auch Gebärden im normalen Zusammenhang mit Handlungen gelernt werden".

Beim Einsatz von Gebärden sind folgende Aspekte im Team zu bedenken und abzusprechen:

- Aufbau der Gebärden: im Gesamtunterricht, Kurs für nichtsprechende Kinder, Einzelförderung, ...?
- Erwerb der Gebärdenkompetenz der Lehrkräfte: Gebärdenkurs, Lernen nach Gebärdensammlungen, ... ? Aneignung des Gebärdenwortschatzes zu Beginn des Vorhabens oder in dessen Verlauf?
- Gebärden, Gebärdenabbildungen: Sichtung von Gebärdensammlungen und sich entscheiden, ... Kopieren oder Abzeichnen ?
- Übung des Bewegungsablaufes: Gesamtunterricht oder Einzelförderung? Notwendige zusätzliche Übungen zur Arm- und Handmotorik oder zur visuellen Aufmerksamkeit?
- Elterneinbezug: Informationen zu Gebärden, Gebärdenmappe für die Schüler als Möglichkeit zum Mitlernen für die Eltern, Einführung der Eltern ins Gebärden

In unserer Teambesprechung beschlossen wir Gebärden durch alle Lehrkräfte der Klasse ganztägig im Gesamtunterricht einzusetzen, d.h. gleichzeitig zur Lautsprache Schlüsselwörter mit den „Händen zu sprechen". Diese Vorgehensweise (Lehrplan Rheinland-Pfalz, 2001, 318):

- erleichtert durch den Charakter der Selbstverständlichkeit die Annahme analog dem natürlichen Spracherwerb
- ermöglicht dem Kind das Angebot aufzugreifen und Gebärden von persönlichem Interesse auszuwählen
- lässt den notwendigen Sprachraum entstehen, da alle Kommunikationspartner (Lehrkräfte und Schüler) diese Mitteilungsform verstehen

Auch in diesem Jahr bestätigten die Reaktionen von Anke und Beate die Vorteile einer Einführung im Gesamtunterricht: Das Gebärden half ihnen ihre Aufmerksamkeit auf den Sprecher zu konzentrieren und erhöhte ihre Aufmerksamkeitsspanne erheblich. Insbesondere die Durchgängigkeit des Angebotes und die Begeisterung der sprechenden Schüler an Gebärden ließen sie den Zugang finden. Beide griffen Gebärden auf, die wir für sie nicht oder nicht in dieser Reihenfolge ausgesucht hätten: wir hätten z.B. Bedürfnisgebärden vorrangig vor Gebärden zum Thema „Wald" eingestuft. Beate und Anke zeigten uns, welche Bedeutung für sie die Mitsprachemöglichkeit im Vorhabenunterricht hat.

Da Frau Roos zu Beginn unserer Arbeit mit Gebärden über Erfahrungen verfügte, verzichteten wir auf einen Gebärdenkurs. Statt dessen eignen wir uns zu jedem Vorhaben alle Gebärden sukzessiv entsprechend dem Vorhabenverlauf zeitgleich mit den Schülern an. Für die Schüler ist es ermutigend und motivierend zu erleben:
- wie auch ihre Lehrkräfte lernen
- einer Lehrkraft, die bei der Einführung einer Gebärde nicht anwesend war, diese vorzumachen
- dass Frau Roth von ihnen erfragte Gebärden für sie zeichnet

Die Übung des Bewegungsablaufes erfolgt in allen Situationen, in denen ein Schüler versucht eine Gebärde zu vollziehen. Falls Vormachen nicht ausreicht, ist die Führung der Hände hilfreich, den Bewegungsablauf zu erfassen. Diese in den Gesamtunterricht integrierte Einzelförderung ermöglicht auch Mitschüler als Bewegungsvorbild einzubinden (Abb. 3).

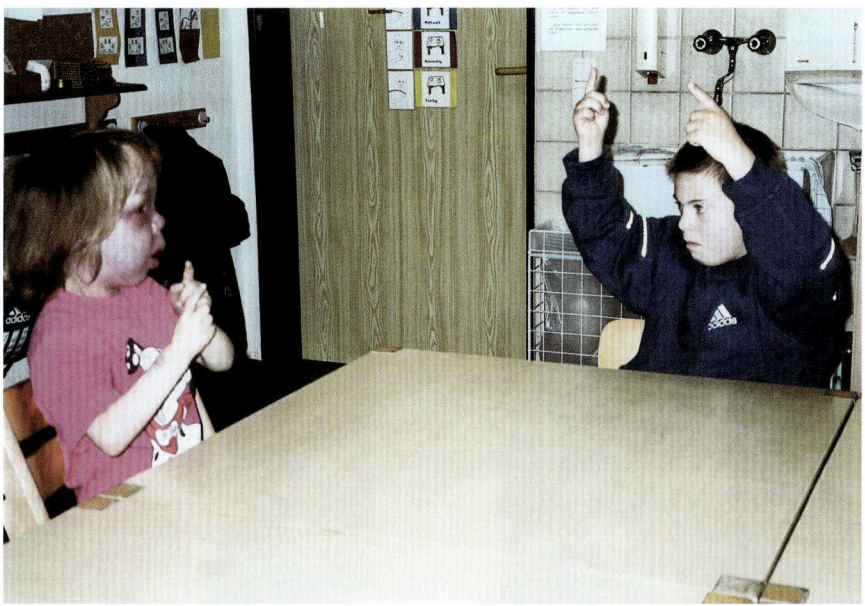

Abb. 3

Auch die Gebärdenabbildungen, die Zuordnungsübungen mit Gegenständen, Bildern, Fotos ermöglichen, unterstützen das Erlernen von Gebärden (siehe auch Materialien zum selbstgesteuerten Lernen).
Alle erlernten Gebärden heften die Schüler in ihre Gebärdenmappe, auch die sprechenden Schüler wollen nicht darauf verzichten. Dies bedeutet für unsere Elternarbeit:

- Klassenelternabend zum Thema „Gebärden" mit Informationen über:
  - ihre lautsprachersetzende oder -ergänzende Funktion
  - ihre spracherwerbsunterstützende Funktion
  - ihre Bedeutung für sprechende Kinder
  - ihre Bedeutung für die Kommunikation der Schüler untereinander und das „Sich Finden zu einer Gemeinschaft"
- Einführung der Eltern nichtsprechender Kinder ins „Gebärden" sobald ihre Kinder Gebärden aufgreifen

Gemeinschafts- und kommunikationsfördernde Aufgaben

Kommunikationsbedürfnis und Mitteilungsbereitschaft wachsen mit dem Vertrauen innerhalb einer Beziehung, mit dem „Sich angenommen fühlen" innerhalb der Klassengemeinschaft, mit dem Erleben verstanden zu werden, mit Eindrücken, die nach Ausdruck und Verständigung verlangen.
Wir beobachteten, dass Anke und Beate sich fast ausschließlich auf die Lehrkräfte hin orientierten. Neben der Förderung der Gemeinschaft als Schwerpunkt des Religionsunterrichtes suchten wir nach Möglichkeiten zur Förderung der Interaktion der Schüler untereinander, um auch so eine Basis für Unterstützte Kommunikation entstehen zu lassen:

- Aushalten/Zulassen von körperlicher Nähe im gemeinsamen Erleben und Handeln:
  - Umfassen eines Baumstammes (siehe Abb. 4)
  - Fühlen der Rinde eines Baumes
  - Anfertigen eines Rindenabdrucks (siehe Abb. 5)

*Abb. 4
und 5*

- Übernehmen von gemeinsamen „Aufträgen", z.B.
  - Sammeln von Waldschätzen (in einer gemeinsamen Tüte) in Eigenverantwortung eines Teams (siehe Abb. 6)
  - Suchen ausgewählter Blätter (siehe Abb. 7)

Abb. 6

Abb. 7

- Knud als „Interaktionsvermittler (siehe Abb. 8)
• Bewältigen von „Gruppenbewegungsaufgaben" im Wald oder in Bewe-
  gungslandschaften in der Turnhalle, z.B.
  - Balancieren über Baumstämme
  - Überqueren eines „Baches"
  - Ersteigen eines steilen Hanges (siehe Abb. 9)
  - Über- oder Unterwinden von Hindernissen wie „Felsen, Wurzeln,
    Büsche, Hecken"
  - Klettern auf einen Baum

Abb. 8

Abb. 9

Bei den Materialien zum selbstgesteuerten Lernen entwickelten wir neben Materialien, die auch Partnerarbeit ermöglichen (gekennzeichnet mit einem * hinter dem Namen) gezielt solche, die unbedingt einen Partner erfordern (gekennzeichnet mit einem P). Ihre Einführung erfordert eine überlegte, strukturierte Hinführung zum Miteinander.

Aufträge

Kommunikationshilfen gewinnen mit jeder positiven Kommunikationserfahrung für die Schüler an Bedeutung. Das Erleben, sich auch über den begrenzten Rahmen der Klasse hinaus verständlich machen zu können, ist ein wichtiger Baustein für die Motivationsentwicklung.

In unserer Klasse sind mit zunehmender Eigeninitiative im Rahmen der offenen Unterrichtsgestaltung die sogenannten Hausaufgaben entstanden: Die Schüler bringen Spiele, Bücher, Bilder, Fotos, Gegenstände, ... zum Vorhaben von zu hause mit oder erledigen kleine Aufträge. Es ist den Schülern wichtig geworden, sich einzubringen und auch von den Eltern in ihrem Anliegen („ihrer Hausaufgabe") ernst genommen zu werden. Diese Hausaufgaben implizieren sowohl für sprechende als auch für nichtsprechende Kinder eine Erweiterung von kommunikativen Kompetenzen. Voraussetzungen sind:

- Information der Eltern über die Bedeutung von Aufträgen
- Absprache der Vorgehens
- Absprache der Mitteilungsart
- Besprechung möglicher Hilfen durch die Eltern

In unserer Klasse tragen wir bei Schülern, die eine Gedächtnisstütze brauchen, ins Mitteilungsheft ein, dass eine Hausaufgabe gegeben wurde, ohne diese zu benennen. Anke beginnt sich durch Abbildungen zu verständigen, Beate durch Gebärden (die entsprechende Gebärdenabbildung wird als Hilfe für die Eltern in die Gebärdenmappe gegeben), Jens durch Gebärden und/oder FC. Falls die Eltern eine Mitteilung nicht verstehen, können sie anrufen oder über das Mitteilungsheft nachfragen.

Auch innerhalb der Schule können Aufträge gestellt und mit Kommunikationshilfen (Abbildung, Schriftbild, FC, Gebärden bewältigt werden), z.B. im Sekretariat, in einer anderen Klasse, in der Küche etwas besorgen. Eine vorherige Absprache mit den betroffenen Kommunikationspartnern ist dann unerlässlich, wenn keine Erfahrungen mit Kindern ohne Lautsprache vorliegt.

Unsere Waldecke – Eine Idee zur Anregung von Kommunikation

Im Laufe des Vorhabens wurde es uns mehr und mehr zum Bedürfnis der Kommunikation der Schüler untereinander „Raum" zu geben: Nicht nur im Sinne von Zeit zu lassen und einzuplanen sondern auch sichtbar einen besonderen Platz im Klassenraum zu schaffen: Eine „Kommunikationsecke" nahm Gestalt an (Abb. 10).

Abb. 10

Räumlich etwas abgegrenzt durch Regale luden Baumstämme als Sitzgelegenheit und Tisch zum gemeinsamen Tun ein. Um der Ecke ihren „Geist" zu geben, wurden alle Unterrichtsinhalte zum Aspekt „Gemeinschaft" dort angeboten (Abb. 11).

Abb. 11

In einem kleinen Regal fanden Materialien, unter dem Gesichtspunkt „Zusammenspiel" ausgewählt, nach ihrer Einführung ihren Platz:

- Japanischer Papierball, Chiffontuch (Abb. 12)
- Baumquartett
- Bausteine
- Ringmappe „Unser Baum erzählt", Erzähltuch
- Puzzle „St. Martin", teilbarer Mantel, Schwert (Rollenspielutensilien)

Die Entscheidung für ein Material implizierte Absprachen und somit eine Förderung der kommunikativen Kompetenzen (Abb. 13).

Abb. 12

Abb. 13

Um den Anreiz zur Interaktion zu erhöhen, blieb die Waldecke nur für Aktivitäten mit Partner in Freispielphasen und in der Freiarbeit „reserviert" und somit während des gesamten Vorhabens hochbegehrt. Auch Tom, der sich bisher überwiegend allein beschäftigte, ließ sich durch sie zum gemeinsamen Tun motivieren.

Die Schüler fühlten sich nicht nur zur Waldecke hingezogen, sie trugen auch eigeninitiativ zu deren Gestaltung bei, indem sie gemeinsam in vielen Hofpausen Eichenblätter sammelten und den Boden damit auslegten.

Baum als Symbol für Klassengemeinschaft –
Zur Einbindung des Religionsunterrichtes

Jede neu zusammengesetzte Klasse muss „sich erst finden". Gemeinschaftsgefühl wächst durch gemeinsames Handeln, durch sich gegenseitig erleben und füreinander Verständnis entwickeln.

In dieser Klasse verfügten Anke und Beate kaum über positive Kommunikationserfahrungen. Kontaktaufnahme erfolgte in Form von Kratzen, Haare ziehen, ... Motorische Unruhe und fehlendes Regelbewusstsein erschwerten den Mitschülern die Konzentration und die Selbstregulierung ihres eigenen Verhaltens. Dies veranlasste uns die Entwicklung von einer Klasse hin zu einer Klassengemeinschaft gezielt zu fördern und die Inhalte des Religionsunterrichtes, ins Vorhaben eingebunden, entsprechend auszuwählen:

1. Thema: Was mir der Baum vom Leben erzählt

Kompetenzen	Hinweise
Einen Baum als Versammlungsort erleben	Einen Baum auf dem Schulgelände aussuchen und sich immer wieder um ihn versammeln
Den Baum der Klasse wahrnehmen und einen Bezug zu ihm entwickeln	Unterschiedliche Sinneserfahrungen anregen, bei wiederholten Besuchen Veränderungen beobachten
Die Teile des Klassenbaums erleben Die Geschichte des Baums nachvollziehen Tücher als Symbole für Baumteile erfahren und mit ihnen gestalten	Text „Der Baum erzählt" (siehe Kopiervorlage 1): • zu Teil 1: Einführung eines Erzähltuches (Seidentuch mit Baummotiven), Legen eines Baums mit Tüchern (siehe Material „Tücherbaum") • zu Teil 2: Versteck- und Kletterspiele, Blätter sammeln und pressen • zu Teil 3: Wurzel aus dem Wald, Meditationen „Ich bin verwurzelt" und „Der müde Baum" (in Lit. Poeplau; Edelkötter)

Meditative Übungen in einer Gruppe erleben und sich darauf einlassen	• zu Teil 4: Teile von Baumstämmen für die Waldecke, Rindenstück, Rindenabdrücke, Baumscheiben (Material "Jahresringe"), kleine Baumscheiben als Anhänger für die Schultasche (Klassenzugehörigkeitszeichen) • zu Teil 5: Blätter zum Gestalten sammeln
Die Geschichte des Baums „erzählen"	Eine Ringmappe mit Fotos vom Klassenbaum zu jedem Erzählteil als Erzählgrundlage. Weitere Kommunikationshilfen: Wortkarten, Erzähltuch, Gebärdenabbildungen (Abb. 14 und 15)
Ein Gebet zum Baum kennen lernen und „mitbeten" Das Gebet vorsprechen	Erarbeitung des Gebetes „Gott schenk diesem Baum die Kraft" mit Gebärden und Gebärdenabbildungen (Kopiervorlagen 2 und 3). Tägliches Sprechen des Gebetes vor einer Mahlzeit. Auch mit Gebärden kann ein Gebet vorgesprochen werden.

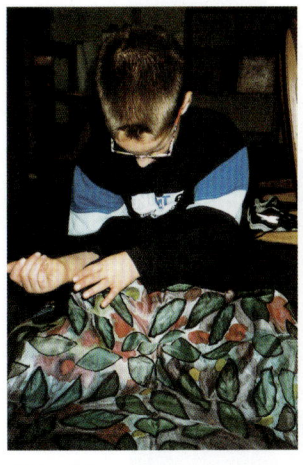

Abb. 14

Abb. 15

2. Thema: „Gemeinsames Tun

Kompetenzen	Hinweise
Einen Baum als Symbol für die Klassengemeinschaft erfahren	Der Klassenbaum bietet unter seiner schützenden Krone einen kommunikativen Raum, in dem man miteinander handeln und sein kann: einen Baum auf Tonkarton vorgeben (siehe Abb. 10)
Tätigkeiten in der Gemeinschaft bewusst erleben: • Zuschauen • Zuhören • Teilen • Spielen • Sprechen • Feiern • Bauen	Tätigkeiten sukzessive in Handlungssituationen bewusst machen, z.B. „feiern und teilen" anhand des St.Martin-Festes oder „spielen und bauen" anhand der Einführung entsprechender Materialien (siehe Materialien für die Waldecke)
Tätigkeiten benennen	Kommunikationshilfen: Bildkarten, Gebärden, Gebärdenabbildungen, Wortkarten (Kopiervorlagen 4)
Sich bewusst werden, welche Tätigkeit für einen selbst besondere Bedeutung hat und dies ausdrücken	„Beschriften" des Baumes (Abb. 16) Malen und „Beschriften" von Wunschbäumen (siehe Materialbeschreibung)

Abb. 16

3. Thema: „Freude schenken" (Erweiterung des Aspektes „Was kann ich mit dem anderen tun" durch den Aspekt „Was kann ich für den anderen tun")

Kompetenzen	Hinweise
Erkennen, dass Schenken Freude bereiten kann Geschenkanlässe kennen lernen	Geschenktüte mit kleinen Päckchen. Unterrichtsgespräch: • Was sind Päckchen? • Wann werden wir beschenkt? • Wann schenken wir?
Geschenke benennen Sich in andere einfühlen Eigene Wünsche erkennen Geschenke behutsam ein- und auspacken	Geschenke auspacken lassen (Abb. 17) Erarbeitung: • Worüber würde ich mich freuen • Womit kann ich anderen eine Freude machen Kommunikationshilfen: Gegenstände, Wortkarten, Abbildungen (Kopiervorlagen 5) siehe Materialbeschreibung „Freude"
Einem anderen eine Freude machen Sich an der Freude des anderen freuen Erleben dass „Freude schenken" Freude schenkt	Anlass: Adventskalender • Mit Namen/Gebärdenzetteln losen, wer wem ein Päckchen macht • Elternbrief • Päckchen mit Zahlen versehen und aufhängen (Kiefernast in der Waldecke) • Die Tage im Dezember mit dem Öffnen eines Päckchens, d.h. mit Freude beginnen

Abb. 17

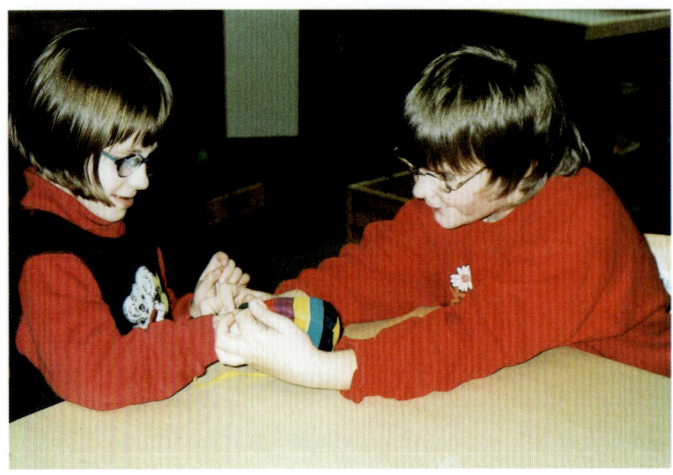

Abb. 18: Sich gemeinsam an einem Wichtelpäckchen freuen

4. Thema: „Ich bin mit dir vertraut"

Kompetenzen	Hinweise
Die Geschichte der Begegnung des kleinen Prinzen mit dem Fuchs kennen lernen	aus: „Der kleine Prinz" Hilfen zur Erarbeitung der Geschichte: • Originaltext kürzen, vereinfachen und sukzessiv erzählen
Den kleinen Prinzen betrachten und beschreiben	• Vorstellen der Figuren anhand von Puppe und Stofftier sowie Bildern
Sich als Prinz verkleiden	• Utensilien (schöne Hose, Fliege,.....) zur Beschreibung und für das Rollenspiel

An meditativen Übungen teilnehmen	• Meditationen:
	   • Sonne spüren
	   • Schritte hören und erkennen

Die Begegnung Prinz – Fuchs im Rollenspiel nachvollziehen	• Weizen (Abb. 19) • Gebärden: Prinz (= schöner Junge), Fuchs, vertraut machen, Freund
Erfahren, was vertraut machen bedeutet (Abb. 20)	• Übungen für das Rollenspiel:

40

Mit Mitschülern vertraut werden	• genau schauen • aus den Augenwinkeln heraus schauen • geduldig warten • Sich behutsam immer näher setzen
Mitschüler genau betrachten	
Überlegen, was einem an dem anderen besonders gut gefällt	
Wesentliche Merkmale von Mitschülern erkennen und ausdrücken	Einführung des Materials „Ich male dich" (Beschreibung siehe Anhang)

Abb 19

Abb 20

Anmerkung:
Die Inhalte des Religionsunterrichtes erstreckten sich zeitlich bis zum Ende des Vorhabens „Ein Märchen im Wald". Das 4.Thema „Ich bin mit dir vertraut" bildete mit der Landung des kleinen Prinzen in der Sahara bereits die Überleitung zum nächsten Vorhaben „Komm mit nach Afrika".

Materialien zum selbstgesteuerten Lernen

Übersicht zum Schwerpunkt Unterstützte Kommunikation

Die Beschreibung dieser Materialien sowie die Materialsymbolkärtchen finden sich im Anhang:
- Der Baum (1)
- Tücherbaum (2)
- Mein Partner als Baum (3)
- Auch Bäume haben Namen (4)
- Herbstblätter (5)
- Wortarten (6)
- Wunschbaum (7)
- Töne zuwerfen (8)

Auflistung von Materialien zu anderen Schwerpunkten des Vorhabens

Die mit (!) versehenen Materialien eignen sich zur Entwicklung von Eigenaktivität und zur Einfindung in die Unterrichtsform Freiarbeit:
- Rindenabdruck: Rindenstück, Blatt, Wachsmalblock, Tesa
- Blätterpresse: Presse, Dose zum Aufbewahren der Blätter. Erweiterungsmöglichkeit: Auftragsstreifen, z.B. Sortiere nach Farben, Male Stamm und Äste und klebe die Blätter auf
- Biologische Kommode (Montessori): Blatt – Nadel, entsprechende Einlegeteile und Gebärdenkarten, Augenbinde
- Sortierschalen (!): Holzschale mit Eicheln, Kastanien, ..., Augenbinde
- Tastkiste (!): Waldschätze
- Jahresringe: Baumscheibe zum Fühlen der Ringe, Augenbinde, Arbeitsblatt zum Zeichnen der Ringe
- Riechdosen: Je 2 Geruchsbecher mit Kiefernnadeln und Eichenblättern
- Buch „Wir erforschen den Wald" zum Schauen und zur weiteren Gestaltung

- Eicheln (!): 2 Einmachgläser, Eicheln zum Umfüllen
- Windlichter: Sand in 3 Farben, Trichter, Glas, Körbchen mit Waldschätzen und Teelicht
- Auftragsstreifen, z.B. Hole 3 Kastanien, Male 4 Blätter,............

Das Vorhaben „Ein Märchen im Wald"

Vorbemerkung

Im Rahmen des Vorhabens „Wir erforschen den Wald" hatten die Schüler Verständnis für Vorgänge in der Natur entwickelt und mit großer Aufmerksamkeit Details entdeckt. Der Wald hatte sie fasziniert und sie signalisierten deutlich Interesse weiter an diesem Thema zu arbeiten.

Eine Klassengemeinschaft war nicht nur gewachsen, sondern sie war dabei den Schülern wichtig zu werden und somit war auch die Grundlage für das „Sich Einlassen können" auf neue Kommunikationserfahrungen entstanden.

Diese Beobachtungen führten in der Teambesprechung zu der Entscheidung für ein Vorhaben, in dem der Schwerpunkt auf die Erweiterung der kommunikativen Kompetenzen gelegt und gleichzeitig der Erfahrungshintergrund „Wald" aufgegriffen und vertieft werden konnte. Mit der Idee diese Aspekte im Rahmen eines darstellenden Spiels umzusetzen, begann die Suche nach einer geeigneten Geschichte. Diese sollte:
- im Wald spielen
- sich in ihrer Aussage auf den Aspekt „Gemeinschaft" beziehen
- Dialoge enthalten
- einfache Satzmuster und Satzwiederholungen ermöglichen

Am Bilderbuch „Ein Märchen im Schnee" gefiel uns, dass es darüber hinaus der Jahreszeit entsprach und der Vorliebe der Schüler für Namen und Namengebärden (siehe Teil 3) entgegenkam. Nach Änderung des Ausgangs der Geschichte und Vereinfachung des Textes war die Arbeitsgrundlage gefunden:

Ein Märchen im Wald

Bild 1:
Ein alter Mann und sein Hund gehen zum Holzhacken in den Wald. Unterwegs verliert der Mann seinen Handschuh.

Bild 2:
Da kommt eine kleine Maus des Weges. Sie sieht den Handschuh und ruft: „Das ist ein gutes Haus!". Die Maus schlüpft hinein.

Bild 3:
Es fängt an zu schneien. Da hüpft ein Frosch des Weges. Er kommt zu dem Handschuh und fragt: „Wer wohnt in diesem Handschuh?" – „Ich bin die Maus Eil-dich-flink. Und wer bist du?" – „Ich bin der Frosch Hinkebein. Darf ich zu dir hineinkommen?" – „Ja, komm!"
So sitzen dann Maus und Frosch zusammen im Handschuh und haben es warm.

Bild 4:
Nach einer Weile hoppelt ein Hase dazu und fragt: „Wer wohnt in diesem Handschuh?" – „Ich bin die Maus Eil-dich-flink, ich bin der Frosch Hinkebein. Und wer bist du?" – „Ich bin der Hase Schnell-zu-Fuß. Darf ich zu euch hineinkommen?" – „Ja, komm!"
So sitzen dann Maus, Frosch und Hase zusammen im Handschuh und haben es warm.

Bild 5:
Dann kommt ein Fuchs und fragt: „Wer wohnt in diesem Handschuh?" – „Ich bin die Maus Eil-dich-flink, ich bin der Frosch Hinkebein, ich bin der Hase Schnell-zu-Fuß. Und wer bist du?" – „Ich bin der Fuchs Güldenfell. Darf ich zu euch hineinkommen?" – „Ja, komm!"
So sitzen dann Maus, Frosch, Hase und Fuchs zusammen im Handschuh und haben es warm.

Bild 6:
Da kommt auch noch ein Wildschwein und fragt: „Wer wohnt in diesem Handschuh?" – „Ich bin die Maus Eil-dich-flink, ich bin der Frosch Hinkebein, ich bin der Hase Schnell-zu-Fuß, ich bin der Fuchs Güldenfell. Und wer bist du?" – „Ich bin das Wildschwein Plattnase. Darf ich zu euch hineinkommen?" – „Oh je, du bist doch viel zu dick!" – „Aber ich friere!" – „Dann komm!"
Die Tiere rücken eng aneinander. So sitzen dann Maus, Frosch, Hase, Fuchs und Wildschwein zusammen im Handschuh und haben es warm.

Bild 7:
Plötzlich hören sie Zweige knacken und einen Bären brummen: „Wer wohnt in diesem Handschuh?" – „Ich bin die Maus Eil-dich-flink, ich bin der Frosch Hinkebein, ich bin der Hase Schnell-zu-Fuß, ich bin der Fuchs Güldenfell, ich bin das Wildschwein Plattnase. Und wer bist du?" – „Ich bin der Bär Brumm-ganz-laut. Darf ich zu euch hineinkommen?" – „Oh je, es ist wirklich kein Platz mehr!" – „Aber ich friere!" – „Dann komm!"

Alle machen sich klein und so ist noch Platz für den Bären. So sitzen dann Maus, Frosch, Hase, Fuchs, Wildschwein und Bär zusammen im Handschuh und haben es die ganze Nacht warm.

Lied: Wärme kann man teilen, Wärme strahlet aus, Wärme gibt's für alle, hier in diesem Haus

Bild 8:
Am nächsten Morgen laufen die Tiere, „die Maus Eil-dich-flink, der Frosch Hinkebein, der Hase Schnell-zu-Fuß, der Fuchs Güldenfell, das Wildschwein Plattnase und der Bär Brumm-ganz-laut" froh wieder in den Wald. Vielleicht finden sie am Abend wieder zusammen.

Lerninhalte/Ziele des Vorhabens

Der Wald im Herbst und Winter
- Veränderungen im Wald mit allen Sinnen wahrnehmen: Die Blätter fallen von den Bäumen, Laub rasselt unter den Füßen, Schnee verzaubert den Wald,..........................
- Temperaturunterschiede bemerken, Kälte bewusst empfinden

Auf den Spuren von Tieren
- Auf dem Erdboden und im Laub nach Krabbel- und Kriechtieren suchen
- Fußspuren von Waldtieren entdecken
- Besuch eines Wildfreigeheges

Erarbeitung des Bilderbuches „Ein Märchen im Schnee"
- Kennenlernen der Geschichte
- Knud und seine Freunde im Wald: Erleben der Tiere des Bilderbuches: Maus, Frosch, Hase, Fuchs, Wildschwein, Bär
- Erstellen von Steckbriefen der Tiere: es lebt....., es frisst........, es ist........ (Abbildungen, Fotos, Schrift)
- Erweiterung der kommunikativen Kompetenzen
  - Namen der Tiere, z.B. Maus „Eil dich flink" sprechen /gebärden/ lesen/schreiben
  - bei der Begegnung der Tiere im Rollenspiel
    - sich einander zuwenden
    - Blickkontakt aufnehmen
    - Miteinander sprechen (Lautsprache/ Gebärden): Gesprächsform Frage – Antwort
  - Mehrwortsätze (Sprache / Gebärden / Abbildungen / Schrift)

- ich heiße.........
- der Hase heißt..........
- Tätigkeiten, z.B. der Hase hoppelt.........
- Eigenschaften, z.B. der Hase ist klein.............
  - Materialien für die Kommunikationsecke
- Nachgestalten der Bilder des Buches in Aquarelltechnik (Tom, Timo)
- Erfassen, was das Märchen sagen will
- Im Rollenspiel die einzelnen Szenen nachempfinden und erleben:
  - sich gegenseitig Wärme geben (frieren und wärmen)
  - dem anderen Platz machen, seinen Raum mit ihm teilen, ihn einladen
  - Verschiedenheiten wahrnehmen und akzeptieren
  - Geborgenheit in der Gemeinschaft erfahren
  - Sich und die anderen bewusst als Gemeinschaft empfinden
- Ausgestalten des Märchens als darstellendes Spiel
- Im Spiel eine Rolle übernehmen und seinen Text mit Sprache, Gebärden oder Abbildungen vortragen
- Im Spiel eigene Ideen entwickeln und einbringen
- Einüben und Aufführen vor Publikum

Die fachorientierten Lehrgänge sind ins Vorhaben eingebunden und ergänzen oder unterstützen dessen Zielsetzung:

Sinneserziehung (Renate, Anke, Beate)
Im Hinblick auf die Eigenschaften der Tiere des Bilderbuches:
- groß, klein, größer, kleiner (Rosa Turm, Karten, Tiere)
- dick, dünn, dicker, dünner (Braune Treppe, Karten, Tiere)

Sport
- Bewegungen der Tiere
- groß, klein, dick, dünn: Körper- und Materialerfahrungen

Musik
- Lied: Wärme kann man teilen

Religion
- Adventskalender für die Klasse unter der Idee „Für den anderen"
- Feste der Weihnachtszeit
- Wärme, Geborgenheit in der Gemeinschaft, Teilen
- Ich bin mit dir vertraut, ich erkenne dich (anhand der Begegnung des kleinen Prinzen mit dem Fuchs)

Unterstützte Kommunikation im darstellenden Spiel

Beim Theaterspielen in der Schule geht es weniger um ein Reproduzieren von Texten als um eine Auseinandersetzung mit sich, seinen Möglichkeiten und seinen Grenzen. „Die wesentliche Kraft des Theaterspiels liegt in dem Schaffen von Spielräumen, um selbst mit seinen Möglichkeiten kreativ handelnd aktiv werden zu können" (Lehrplan Rheinland-Pfalz, 2001, 115). Wichtiger als das Produkt ist der Prozess, der sich durch Gruppendynamik und dem „Sich in eine Rolle begeben und in und mit ihr spielen" entwickelt, sowie die diesem innewohnenden Möglichkeiten zur Erweiterung der kommunikativen und sozialen Fähigkeiten (vgl. Aissen-Crewett, 1988, 19f).

Ausgangspunkt für die „Spielräume" bildeten die Erarbeitung der Bilderbuchgeschichte sowie die intensive Auseinandersetzung mit den einzelnen Tieren, ihren Bewegungen, Eigenschaften, Lebensgewohnheiten und Eigennamen. Mit jeder Seite des Bilderbuches, mit jedem Tier, das nach und nach dazu kam, lebten die Schüler mehr und mehr in der Geschichte mit, wurden Identifikationsprozesse möglich, begannen die Schüler in Rollen zu schlüpfen.

Mit der Übernahme einer Rolle können negative Kommunikationserfahrungen nichtsprechender Schüler in den Hintergrund treten. Die Verwandlung in ein Tier der Geschichte, unterstützt durch Schminke und Verkleidungsutensilien, bewirkte eine Konzentration auf die mit der Rolle verbundenen Interaktions- und Kommunikationserlebnisse und setzte so neue Motivation frei.

Bei der Verteilung der Rollen im Hinblick auf eine Aufführung ist es wichtig sowohl die Vorlieben der Schüler zu berücksichtigen als auch ihre Fähigkeit eine Rolle durch Bewegung, Laute, Mimik, Gestik, Gebärden zu füllen. Dies bedeutet im Vorfeld den Schülern Zeit und Raum zu geben für das Ausprobieren verschiedener Rollen und die individuelle Auseinandersetzung mit den Tieren und diese Schüleraktivitäten zur Beobachtung zu nutzen. Wir unterstützten diesen Prozess durch die Bereitstellung der Materialien „Tischtheater, Tiere, Legetafeln, Frosch Hinkebein, Bücherkiste".

Sowohl bei der spielerischen Auseinandersetzung mit den Rollen als auch bei Proben und Aufführung versteht sich die Gleichwertigkeit aller Ausdrucksmöglichkeiten von selbst. Bei unserem Märchen bot es sich an, Gebärden nicht nur als Ausdrucksmittel für nichtsprechende Schüler, sondern auch als Darstellungstechnik sprechender Schüler einzusetzen, um die Eigennamen der Tiere und die Aussage des Liedes begleitend zur Lautsprache (Schlüsselwörter) wirkungsvoll zu betonen. Eine Inszenierung mit erfreulichen Nebenwirkungen:

- das Engagement der nichtsprechenden Kinder wuchs
- die Dialogszenen gewannen an Lebendigkeit
- das „Sich einander zuwenden" bei der Begegnung der Tiere wurde unterstützt
- der Lied „Wärme kann man teilen" konnte ohne Lehrerbegleitung gesungen werden (Abb. 21)

Abb. 21

Bei Auftritten sein Können zu zeigen, vor Publikum sich in der Rolle darzustellen und Beifall zu spüren stärkt das Selbstbewusstsein. Für nichtsprechende Schüler ist das Erleben „Ich kann meinen Text selbst vortragen" hierbei ein ganz wesentlicher Aspekt. Neben der Möglichkeit zum Üben entsprechend dem individuellen Wiederholungsbedarf (Materialien: Tiere, Tischtheater, Quiz) trug hierzu folgende Differenzierung bei:

- Selbstständiges Gebärden (Abb. 22 – 24)
- Selbstständiges Gebärden mit Textbegleitung der Lehrkraft als Unterstützung
- Gebärden mit Bewegungsvorbild der Lehrkraft im Hintergrund (Abb. 25-27)

48

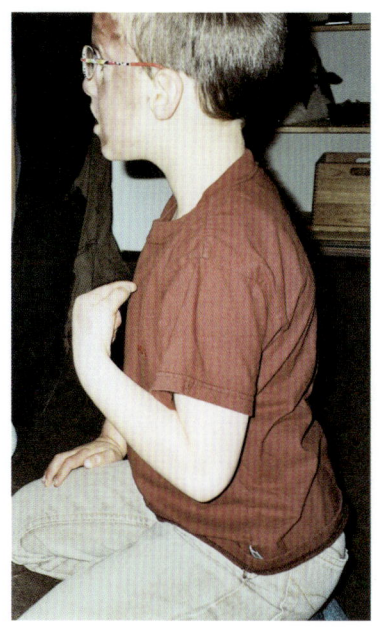
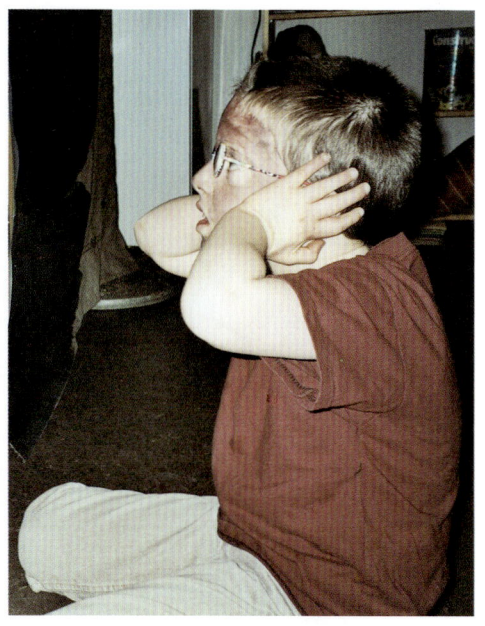

Abb. 22. Ich bin ...

Abb. 24: ... Brumm ganz laut

Abb. 23: ... der Bär

49

Abb. 25. Ich bin …

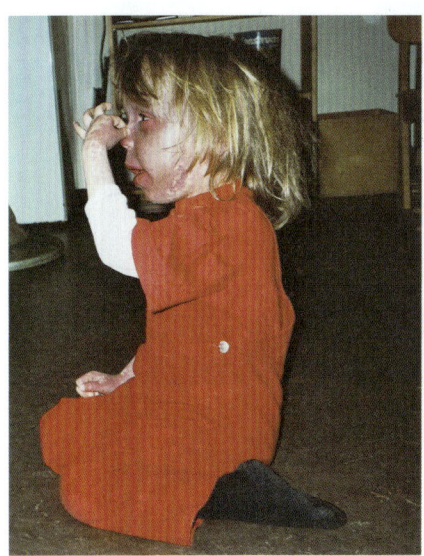

Abb. 26: … der Fuchs

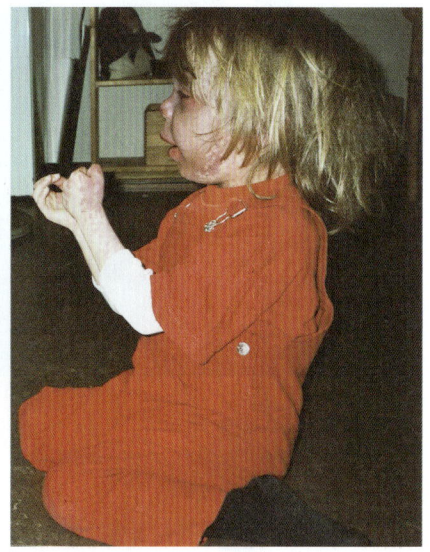

Abb. 27: … Güldenfell

Frosch – Ein Beispiel zum erlebnisorientierten Gebärdenaufbau

Grundsätzlich sind beim Aufbau einer Gebärde folgende Aspekte zu beachten (vgl. Lehrplan Rheinland-Pfalz, 2001, 318):
- Synchronität von Begriff und Gebärde
- Sich mit dem ganzen Körper zuwenden
- Regelmäßige Anwendung: Unterrichtsgestaltung, Absprache im Team, Elterngespräch
- deutliche Ausführung der Gebärden

Bis das Sprechen mit den Händen für einen selbst zur Selbstverständlichkeit geworden ist, gilt es vielleicht auch Hemmungen zu überwinden, Gewohnheiten einzuschleifen. Ob eine Gebärde ausdrucksstark oder klein und versteckt angeboten wird, hat Auswirkungen auf die Annahme. Auch Gebärden kann man wie Wörter betonen, durch Akzentuierung der Bewegungsführung. Man kann mit ihnen Aufmerksamkeit erzielen oder entsprechend einer monotonen Stimmführung eher das Gegenteil. Die Einstellung der Lehrkraft beeinflusst wesentlich die Lernsituation.
„In der Regel hat eine Gebärde einen direkten Zusammenhang mit dem darzustellenden Begriff und ist daher leicht zu erlernen" (Kristen, 1994, 62). Der Bezug zur Bedeutung sollte durch die Art der Bewegungsführung deutlich werden.
Analog dem Erwerb der Lautsprache ist besonders bei jüngeren Schülern der Erfahrungs- und Erlebnisbezug zum Begriff bei der Übernahme einer Gebärde entscheidender als der Schwierigkeitsgrad der Bewegung.

Die Gebärde Frosch wurde im Sportunterricht durch die Verwandlung in Frösche und so mit ganzkörperlichen Sprungerfahrungen vorbereitet.
Das Tier Frosch erschien bei seiner Einführung als Kullerfrosch (Stofftier, das hüpfte). In einer Kiste arrangierten wir für den Frosch eine Kullerlandschaft (Abb. 28):

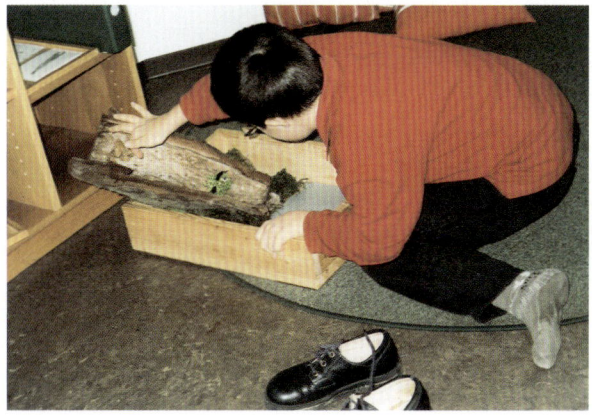

Abb. 28

Eine blaue Fliese als Wasser, von Moos umrandet, die Holzrinde diente als schiefe Ebene. Begeistert ließen die Schüler den Frosch immer wieder kullern. Die Gebärde Frosch war emotional grundgelegt. Um den Erwerb des schwierigen Bewegungsablaufs zu erleichtern, wurde das Material durch die Sprungabfolge eines Frosches (Kopiervorlage 6) mit Auflege-karte ergänzt (Abb. 29).

Abb. 29

Lurche und Nagetiere – Zur Nutzung von FC

Die Nutzung der Methode der Gestützten Kommunikation im Vorhabenun-terricht ermöglicht Schülern, die sich nicht oder nicht ausreichend mit anderen Mitteln äußern können:
- ihr Wissen kundzutun
- auf Fragen zu antworten
- Ideen und Gedanken einzubringen
- Fragen zu stellen
- aufgenommene Informationen wiederzugeben
- spezifische Sachinteressen zu äußern
- ....

Der Lehrkraft erleichtert sie:
- den kognitiven Stand zu erfassen
- Interessen zu erkennen und zu berücksichtigen
- Informationen entsprechend aufzubereiten
- nach adäquaten Aufgabenstellungen und Materialien zu suchen
- ....

Sichtbar werdende Interessen und kognitive Leistungen lassen durch ihre Anerkennung durch die Lehrkraft beim Schüler Motivation und Selbstvertrauen wachsen und verändern die Arbeitshaltung, sowie die Bereitschaft sich am Unterricht zu beteiligen.

Kommunikationshilfen können sein:
- Gegenstände
- Fotos, Abbildungen, Symbole
- Wortkarten
- Buchstabentafeln
- Computer

Die Auswahl der angebotenen Kommunikationshilfen richtet sich nach den konkreten Bedingungen des Gestützten, der Anwendungssituation, den Bedingungen des Stützers und der Zielrichtung:

Gegenstände, Bildkarten (Fotos, Abbildungen, Symbole) eignen sich
- für Schüler ohne Buchstabenkenntnisse
- in der FC – Anbahnungsphase, wenn noch Unklarheit über den kognitiven Entwicklungsstand herrscht
- für Schüler, die diese bevorzugen

Wortkarten, Bildkarten, Gegenstände ermöglichen eine schnelle, kurze Mitteilung. Dies ist im Hinblick auf die Geduld der Mitschüler im Gesamtunterricht von Vorteil, oder wenn der Stützer allein in der Klasse unterrichtet. Die Variabilität bei ihrer Anordnung, z.B. große Abstände ist hilfreich bei:
- FC in der Anbahnungsphase (Eindeutigkeit der Zeigerichtung)
- Übungen zum Blindstützen
- der Rücknahme der Stütze
- Zeigeübungen nur mit emotionaler Stütze
- Zeigeübungen ohne Stütze
- Stützern, die erste Erfahrungen sammeln
Ihre Grenze liegt darin, dass sich der Gestützte nur im Rahmen der Vorgaben ausdrücken kann.

Computer:
Computer ermöglichen uneingeschränkte Mitteilungen und haben den Vorteil, dass die Äußerungen am Bildschirm mitgelesen und Fehlbuchstaben korrigiert werden können. Sie setzen allerdings durch die Größe und den Abstand der Buchstaben Übung voraus und eignen sich weniger zum Einsatz im Klassenverband, insbesondere wenn der Stüzer allein unterrichtet.

Buchstabentafeln
Buchstabentafeln lassen wie Computer differenzierte Mitteilungen zu. Bei Ansteuerungsproblemen erleichtern sie durch ihre Gestaltungsmöglichkeiten, z.B. Größe und Abstand der Buchstaben, Art der Abgrenzung, das gezielte Zeigen. Holztafeln, bei denen die Buchstaben in Löcher eingelassen sind, eignen sich durch die innewohnende taktile Rückmeldung besonders. Buchstabentafeln können überall mit hingenommen werden; die Ergänzung der Buchstaben durch Wortfelder, z.B. „ja, nein, richtig, falsch, Leertaste, aufhören, weiß nicht, Pause, weiter" vereinfacht die Kommunikation. Ihr Nachteil besteht darin, dass der Stützer mitschreiben muss. Längere Mitteilungen erfordern oft Zeit und sind im Klassenverband nicht immer möglich.

Stütze
Die Stütze kann unterschiedlich praktiziert werden. Die körperliche Stütze kann:
- in Höhe des Fingers, der Hand, des Handgelenks, des Unterarms, des Ellenbogens, des Oberarms oder an der Schulter oder über einen Stab gegeben werden
- je nach Händigkeit des Gestützten rechts- oder linkshändig erfolgen
- in der Stärke des gegebenen Widerstandes variieren

Der Stützer sollte so wenig Stütze wie in der jeweiligen Situation erforderlich geben und darauf achten, dass der Gestützte beim Zeigen auf die Kommunikationshilfe schaut. Der Gestützte sollte ein Ausdrucksmittel finden seinen Wunsch nach Stütze mitzuteilen, z.B. durch Heben seines Arms in Stützhaltung, Holen einer Kommunikationshilfe oder Greifen nach der Hand des Stützers und die Bereitschaft entwickeln, mit verschiedenen Stützern zu arbeiten.

Ebenso bedeutsam für das Gelingen der Gestützten Kommunikation ist die emotionale Stütze:
- Grundhaltung das Stützers: Zutrauen in die Fähigkeiten des Gestützten, innere Ruhe, Vertrauen in die Entfaltung selbstaktivierender Kräfte, Achten und Ernstnehmen des Gestützten in all seinen Äußerungen. Diese Grundhaltung entspricht derjenigen, die einem offenen Unterricht zugrunde liegt. (vgl. Köhnen; Roos, 1999, S.12f)

- Begleiten: dem Gestützten seine Zeit zum Ausführen der Zeigebewegung zugestehen, Mut machen, Anregen, durch Gegendruck den Zeigeimpuls auslösen, Fordern,...............
- „Da -Sein" und dies deutlich ausdrücken durch:
  - Worte, z.B. ich sitze neben dir, ich bin da
  - Körperhaltung
  - ungeteilte Aufmerksamkeit
- ....

Das Ausblenden der körperlichen Stütze sollte schon in der Anfangsphase der FC – Anwendung in den Blick genommen werden. Übungen zur Rücknahme sollten mit klarer Zielstellung vorher mit dem Gestützten abgesprochen werden und mit vorläufiger Verstärkung der emotionalen Stütze einhergehen. Insbesondere zu Beginn der Stützrücknahme sind folgende Aspekte zu bedenken:
- mögliche Stufen der Rücknahme: Stütze am Finger........... fester Druck auf den Oberarm .... leichter Druck auf die Schulter .... keinerlei physischer Kontakt
- neuromotorische Bedingungen des Gestützten (vgl. Kerckhove, 1997 und 1998a)
- Stützsituation: Reizabschirmung, emotionale Entspanntheit
- Wahl der Kommunikationshilfe
- Wahl der Inhalte: das Beantworten von Sachfragen ist einfacher als eine persönliche Mitteilung
- Art der Fragestellung: nicht offene Fragen geben mehr Halt als offene

Die Methode der Gestützten Kommunikation wird sehr kontrovers und teilweise sehr emotional diskutiert. Es würde den Rahmen dieses Heftes sprengen auf die unterschiedlichen Standpunkte (kritische Sichtweise: Nußbeck, Bober/Thümmel) einzugehen sowie alle Aspekte, die vor und während des Einsatzes von FC gewusst und ständig bedacht werden müssen, z. B. Gefahren der physischen oder interaktiven Beeinflussung, Besonderheiten der Kommunikation, ... ausreichend einzugehen. Hier sei auf die Literatur (Kerckhove, Nagy, Bayerisches Staatsministerium) verwiesen und die Unverzichtbarkeit einer Fortbildung noch einmal betont. Die Darstellung einer konkreten Praxis, die FC als *einen Baustein* zur Erweiterung der Mitteilungsfähigkeit (siehe auch Teil 4) einsetzt und eingebunden in das Konzept des selbstgesteuerten Lernens *als Tür* zur Förderung der Selbstständigkeit und Selbsttätigkeit nutzt, versteht sich als einen Beitrag zur FC – Diskussion weggehend von der Frage „FC – ja oder nein" hin zur Blickrichtung „verantwortungsvoller Umgang". Der Stützer ist nicht nur dafür verantwortlich, „ob dem Gestützten diese Möglichkeit zur Chance wird" (Kerckove, 2001, S.1), er steht auch der Methode gegenüber in Verantwortung. Ebenso besteht die Verantwortung die Methode Menschen, für die sie eine „Erlösung von der Sprachlosigkeit"(Bampi, 1997, S. 49) bedeuten könnte, nicht vorzuenthalten.

In unserer Klasse arbeitet zur Zeit ein Schüler mit der Methode der Gestützten Kommunikation: Jens.

Jens

Bei Jens wurden im Rahmen des Vorhabens alle aufgeführten Kommunikationshilfen je nach Zielstellung und Anwendungssituation eingesetzt, auch die Art der Stütze variierte.

Im Gesamtunterricht brachte Jens Kenntnisse, Ideen und Fragen, die er durch Gebärden nicht ausdrücken konnte, durch Zeigen auf Gegenstände, Bild- oder Wortkarten und durch Schreiben von Wörtern, von denen keine Vorgabe vorhanden war, auf der Buchstabentabelle ein. Beim Zeigen auf Karten und Gegenstände benötigte er meist nur noch eine emotionale Stütze. Seinen Bedarf an körperlicher Stütze oder seinen Wunsch, sich mit Hilfe der Buchstabentabelle mitzuteilen, zeigte er durch Heben seines Arms in Stützhaltung an.

Im Kursunterricht wurden durch weiterführende Sachinformationen Jens unübersehbarem Wissensdurst entsprochen und Kenntnisse über Arbeitsblätter detailliert abgefragt. Da im Kurs gleichzeitig ein Leselehrgang für zwei Mitschüler angeboten wurde, erwies sich die Buchstabentabelle praktikabler als der Computer. Außerdem reizte es Jens jeden aufgeschriebenen Buchstaben auf seine Richtigkeit zu kontrollieren, so dass er von sich aus immer wieder auf die Kommunikationshilfe schaute. Die Arbeitsblätter zielten auf die Förderung folgender Kompetenzen:

Arbeitsblatt	Kompetenzen
Der Baum Schau dir den Baum an: er hat _____, einen _____, _____ und _____. Die Äste und die Blätter bilden die _____	• Ausfüllen eines Lückentextes • Anwenden von im Gesamtunterricht erworbenem Wissen • Vorlesen der geschriebenen Wörter mit Gebärden (!)

Der Baum Der Baum ist wie wir Menschen ein _____ Was benötigt ein Baum zum Wachsen? 1. _____ 2. _____ 3. _____	• Beantworten von Fragen • Gezieltes Entnehmen von Informationen aus einem Text „Der Baum – ein Lebewesen"
Sachkunde - Test: Thema Bäume Datum: 21.9.2000 Nenne die Namen der Bäume, die in unserem Baumbestimmungsbuch beschrieben sind: 1. _____ 2. _____ 3. _____ Wie heißen die Früchte dieser Bäume: 1. _____ 2. _____ 3. _____	• Beantworten von Fragen • Wiedergabe von Inhalten eines selbstgestalteten Baumbestimmungsbuches • Vorlesen der geschriebenen Wörter durch ungestützes Zeigen auf Abbildungen (!)
## Die ·Maus Ergänze: Die Maus hat 1. eine _____ Schnauze 2. lange _____ 3. _____ Ohren 4. große _____ 5. einen _____ Schwanz	• Ergänzen eines Lückentextes • Anwendung von im Gesamtunterricht erworbenem Wissen • Vorlesen durch ungestütztes Zuordnen (Legetafel Maus: Kopiervorlagen 7)

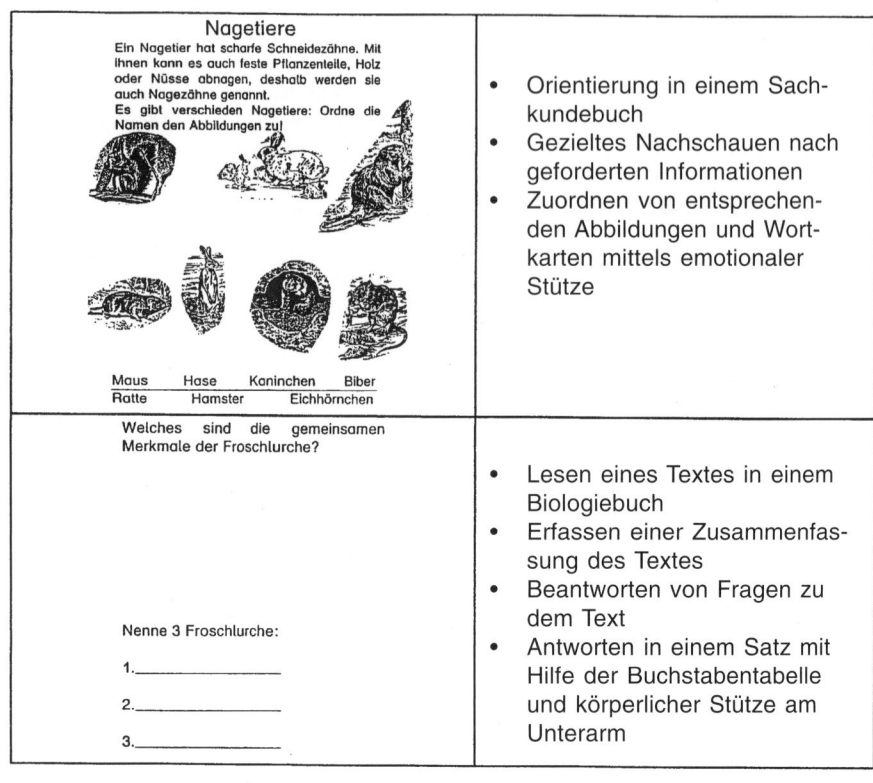

Nagetiere Ein Nagetier hat scharfe Schneidezähne. Mit ihnen kann es auch feste Pflanzenteile, Holz oder Nüsse abnagen, deshalb werden sie auch Nagezähne genannt. Es gibt verschieden Nagetiere: Ordne die Namen den Abbildungen zu! Maus Hase Kaninchen Biber Ratte Hamster Eichhörnchen	• Orientierung in einem Sach-kundebuch • Gezieltes Nachschauen nach geforderten Informationen • Zuordnen von entsprechen-den Abbildungen und Wort-karten mittels emotionaler Stütze
Welches sind die gemeinsamen Merkmale der Froschlurche? Nenne 3 Froschlurche: 1._____ 2._____ 3._____	• Lesen eines Textes in einem Biologiebuch • Erfassen einer Zusammenfas-sung des Textes • Beantworten von Fragen zu dem Text • Antworten in einem Satz mit Hilfe der Buchstabentabelle und körperlicher Stütze am Unterarm

Anmerkung: Die Arbeitsblätter stellen nur eine exemplarische Auswahl der angebotenen Aufgaben dar und sind speziell auf Jens zugeschnitten. Ihre verkleinerte Abbildung ist zur Veranschaulichung und als Anregung ge-dacht.

Je nach Verfassung von Jens (Ausgeglichenheit, Motivation), der Gruppe (Ruhe, Konzentration) und des Stützers wurde die Stütze am Handge-lenk, Unterarm oder Ellenbogen (Zielrichtung Ausblenden der Stütze)) gegeben. Übungen zum Blindstützen konnten eingebunden werden. Un-verzichtbar erwies sich bei der Bearbeitung der Arbeitsblätter eine struktu-rierte Vorgehensweise:
• Hast du gelesen?
• Hast du verstanden?
• Weißt du die Antwort?
• Brauchst du eine Pause? (bei vielen Fehlbuchstaben oder uneindeuti-gem Zeigen)
• Möchtest du weiterarbeiten?

In der Freiarbeit wurden für Jens u.a. Materialien bereitgestellt, die mit der Zielrichtung Selbständigkeit auf die Förderung folgender Kompetenzen zielten:

- Gezieltes Greifen und Anordnen ohne Gegenwart einer Lehrkraft, bzw. mit bedarfsorientierter emotionaler Stütze. Materialien: Teile eines Baumes, Auch Bäume haben einen Namen, Wortarten, Legetafel Maus, Legetafel Frosch, Legetafel Hase, Die Maus sucht ein Haus, Tiere. Hinweis: Anordnungshilfen wie Auflegekarten oder Strukturierungsstreifen erhöhen die Möglichkeit ohne Lehrkraft zu arbeiten
- Gestütztes Malen mit zunehmender Rücknahme der körperlichen Stütze. Materialien: Wunschbaum, Male eine Maus
- Abschreiben von Wörtern nur mit Strukturierungshilfen. Material: Tiere. Hinweis: Die Idee mit dem Material Tiere mit dieser Zielrichtung zu arbeiten kam von Jens. Er übte zunächst das Handschreiben von Druckbuchstaben mit körperlicher Stütze und begann dann von sich aus mit dem ungestützten Nachspuren von Buchstaben (Zeigefinger). Diese Beobachtung veranlasste uns nach Hilfen zu suchen, die Jens ermöglichten seinen Wunsch Wörter ungestützt abschreiben zu lernen umzusetzen. Jens benötigte folgende Vorgehensweise:
  - Vorgabe von 2 Begrenzungslinien
  - Welcher Buchstabe kommt zuerst, kommt dann
  - Fahre den Buchstaben mit dem Finger nach
  - Schreibe ihn mit dem Finger auf den Tisch
  - Schreibe ihn mit dem Bleistift hierhin (Stelle auf dem Blatt zeigen)
- Mitteilen von Gedanken zum Thema mittels körperlicher Stütze und Buchstabentabelle. Material: Bücherkiste.

Abb. 30: Wortbeispiel (von DIN A4 verkleinert)

„Ich kann richtig verstanden werden" – Ein Gespräch mit Hilfe der Buchstabentabelle

23.4.01
Lehrkraft: Du kannst nicht sprechen. Wie ist das für dich?

Jens: Ich habe jetzt hier sprechen gelernt und ich kann hier

Lehrkraft: Was kannst du hier?

Jens: Habe schreiben gelernt und plaudern (Anmerkung: Jens verwendet für „Gebärden" das Wort „Plaudern")

Lehrkraft: Bald wollen wir an einem Elternabend über das Sprechen der Kinder informieren, die ihre Stimme nicht einsetzen können

*Jens (ist unruhig, lächelt):*Gut und ich bin für

Lehrkraft: Wofür bist du?

Jens hält seine Hände an den Mund, macht Töne mit seiner Stimme, zeigt auf den Hals (Anmerkung: Jens will zeigen, dass er seine Stimme einsetzen kann)

Lehrkraft: Möchtest du noch etwas schreiben

Jens: Ich bin froh
Jens gebärdet „Komm", strahlt

Lehrkraft: Deine Worte können anderen Kindern helfen. Wir wollen ein Buch über das Sprechen der Kinder veröffentlichen, die sich mit ihrer Stimme nicht verständigen können

Jens: Zuerst war es für mich furchtbar bin glücklich jetzt

24.4.01
Lehrkraft: Was war furchtbar?

Jens: Ich redete umsonst. Ich irritierte sehr

Lehrkraft: Du kannst deine Situation von damals deutlich beschreiben. Was hat sich für dich verändert?

Jens: Ich kann richtig verstanden werden und ich erfahre jetzt Frau Roos und Frau Köhnen als Retter in der toti toy....

Lehrkraft: Ich kann das letzte Wort nicht lesen

Jens: In der Zukunft

Lehrkraft: Du gibst mir eine klare Beschreibung. Ich danke dir

26.4.01

Lehrkraft: Dürfen wir anderen zeigen was du hier geschrieben hast?

Jens: Ja

Lehrkraft: Dürfen wir es an deine Eltern weitergeben?

Jens: Ja

Lehrkraft: Dürfen wir am Elternabend vorlesen, was du geschrieben hast?

Jens: Ja

Lehrkraft: Dürfen wir deine Worte in einem Buch wiedergeben?

Jens: Ja

Lehrkraft: Ich bin froh über deine Entscheidung

Jens: Ich auch

Lehrkraft: Durch deine Worte werden bestimmt einige Menschen aufmerksamer auf Kinder, die sich mit ihrer Stimme nicht verständigen können.

Jens: Ich will beim Buch Frau Roos und Frau Köhnen helfen und kann ich genug lesen

Lehrkraft: Ich danke dir

Jens: Ich finde Frau Roos und Frau Köhnen hier in der Schule in Ordnung und in Gedanken

Materialien zum selbstgesteuerten Lernen

Übersicht zum Förderschwerpunkt Unterstützte Kommunikation

Die Beschreibungen dieser Materialien sowie die Materialsymbolkärtchen befinden sich im Anhang
* Tiere (9)
* Die Maus hat sich versteckt (10)
* Freude (11)
* Die Maus sucht ein Haus (12)
* Tischtheater (13)
* Gebet (14)
* Quiz (15)
* Ich male dich (16)

Auflistung von Materialien zu anderen Schwerpunkten des Vorhabens

- Legetafel Maus: Auflegekarte Rumpf, Körperteile, Wortkarten, Kontroll-karte, Stoffmaus
- Male eine Maus: Stoffmaus, Satzkarte „Male eine Maus", Aquarell-block, Farben, Glas mit Pinseln, grauer Aquarellstift
- Frosch Hinkebein: siehe Abb. 28 und Abb. 29
- Legetafel Frosch
- Legetafel Hase
- Bücherkiste: Sach- und Bilderbücher zu den Tieren

Teil 3: Unterstützte Kommunikation im Unterrichtsalltag

Kommunikationsförderung als durchgängiges Unterrichtsprinzip kommt in täglich wiederkehrenden Situationen des Unterrichtsalltags besondere Bedeutung zu. Der Wiederholung Struktur verleihen, heißt Chancen nutzen, Kommunikation gelingen zu lassen. Die folgenden Ausführungen beabsichtigen bekannte Abläufe unter dem Gesichtspunkt Unterstützte Kommunikation neu zu betrachten, bewusst zu gestalten und einzusetzen.

Tagesbeginn in vorbereiteter Umgebung

„Gelungene Kommunikation ist der Basisbaustein pädagogischer Arbeit" (Burger, 2000, 26). Den Schultag damit zu beginnen wirkt sich positiv auf den weiteren Tagesablauf aus.

Die Begrüßung erfolgt nicht nur über Lautsprache sondern betont auch mittels Namengebärde, Blickaufnahme oder/und körperliche Zuwendung und beinhaltet das Nachschauen im Mitteilungsheft.
Das Gestalten der Tagestafel ermöglicht neben der Entwicklung bestimmter Kompetenzen (siehe unten) bewusst jedem Schüler sich entsprechend seiner Möglichkeiten zu äußern und einzubringen, d.h. den Tag mit Mitteilen und Verstanden werden, Interaktion und Selbsttätigkeit zu beginnen. Hierbei geben eine gleiche Abfolge sowie eine vorbereitete Umgebung den Schülern Orientierung und Sicherheit sowie die benötigten Kommunikationshilfen. Zu der vorbereiteten Umgebung in unserer Klasse gehören:
- Mit Symbolen für die Schüler gekennzeichnete Sitzplätze, Schubladen und Garderobenhaken: Jedes Kind hat sich eine Farbe ausgesucht. Die Gebärde für jedes Kind drückt dessen besonderes Interesse aus. (Abb. 31)
- Ein Tischdienstplan: Jeder Wochentag hat die Farbe des Kindes, das an diesem Tag Tischdienst hat. Die Gebärden benennen die Wochentage. (Abb. 32)
- Materialien zum Gestalten der Tagestafel: Karten mit Geometrischen Formen, Schriftbilder der Wochentage, Wandkalender, Stifte, Würfelkalender (Abb. 33)
- Ein Geburtstagskalender mit Fotos der Schüler und Schriftbildern der Namen (Abb. 34)

Abb. 31

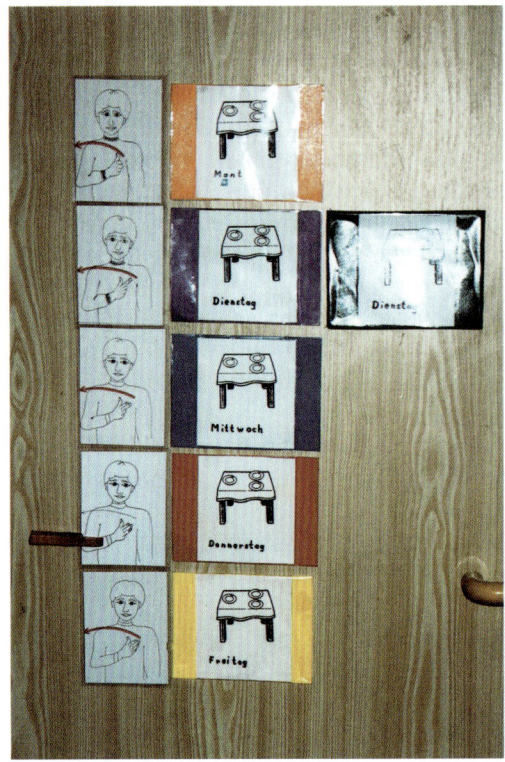

Abb. 32

Abb. 33

Abb. 34

65

Der Ablauf besteht aus:

- Nennen des Wochentages und des Kindes, das Tischdienst hat. Ausdrucksmöglichkeiten: Gebärden, Zeigen auf den Tischdienstplan, Zeigen auf die Person, dessen Foto oder Gebärdenabbildung. (Abb. 35: heute ist, Abb. 36: Montag, Abb. 37: Timos Tag)
- Markieren und Benennen des aktuellen Wochentages am Tischdienstplan. Ausdrucksmöglichkeiten: Gebärden, Zeigen des Schriftbildes, der Farbe oder der Gebärdenabbildung (Abb. 38)
- Wählen einer geometrischen Form (Abb. 39)
- Erkennen und gezieltes Greifen der eigenen Farbe, hier mit emotionaler Stütze (Abb. 40)
- Zeichnen der geometrischen Form in der Farbe des Wochentages, um so den Tag an die Tafel zu schreiben (Abb. 41)
- Gezieltes Greifen des Schriftbildes des entsprechenden Wochentages, hier mit intensiver emotionaler Stütze (Abb. 42)
- Anschreiben des Wochentages (Schriftbild) oder dessen Abkürzung (Abb. 43)
- Schreiben des Wochentages auf der Buchstabentabelle, hier als tägliche Übung zum Blindstützen (Abb. 44) oder zur Rücknahme der Stütze (Abb. 45)
- Einkreisen des aktuellen Tages am Monatskalender (Abb. 46)
- Einstellen des Datums und des Wochentages am Würfelkalender (Abb. 47)
- Anschreiben des Datums (Abb. 48) und Schreiben des Wochentages auf die Montessoritafel(Abb. 49) hier Übung des ungestützten Handschreibens

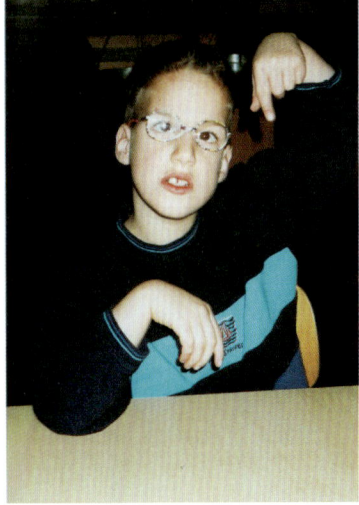

Abb. 35
und 36

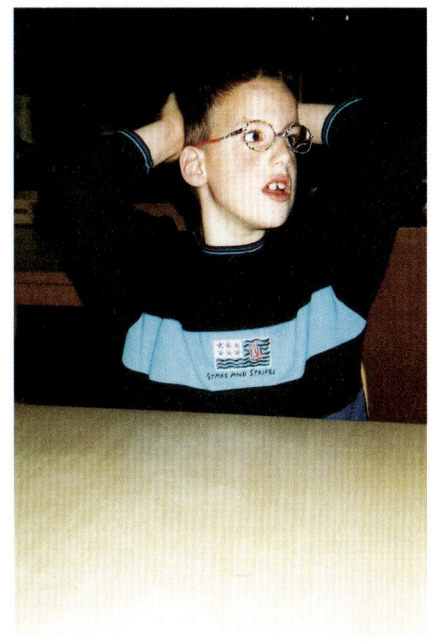

Abb. 37

Abb. 38

Abb. 39

Abb. 40

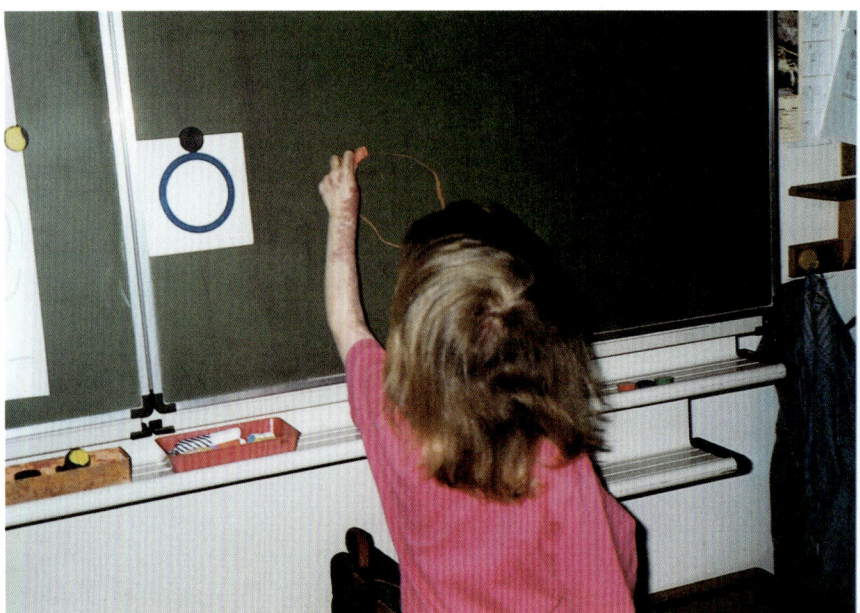

Abb. 41

Abb. 42

Abb. 43

Abb. 44

Abb. 45

Abb. 46

Abb. 47

Abb. 48

Abb. 49

72

Die Tagestafel dient den Schülern während des Unterrichtes als Orientierung beim Datieren von Arbeitsblättern und bei der Dokumentation ihrer Freiarbeit (je nach Fähigkeiten mit Farbe, Form, Schriftbild, Ziffern). Die mit der Tagestafel verbundene Entwicklung der Kompetenzen:

- Verknüpfung Name – Gebärde – Farbe – Schriftbild
- Kennen der Namen/Gebärden der Wochentage
- Erkennen und Abschreiben der Schriftbilder und Abkürzungen der Wochentage
- Orientierung am Kalender
- Kennen der Namen/Gebärden der Monate
- Unterscheiden von geometrischen Formen
- Gezielte Linienführung
- Reihenfolge von Zahlen
- Bestimmen des Datums

wird durch die Bereitstellung von Materialien zum selbstgesteuerten Lernen unterstützt:

- (K) Fotos – Gebärden der Kinder (Variation: Hinzunehmen von Schriftbildern)
- (K) Fotos – Farben der Kinder (Variation: Hinzunehmen von Gebärden oder Schriftbildern)
- (K) Farben – Gebärden der Wochentage (Variation: Hinzunehmen der Schriftbilder)
- (B) Schriftbilder – Abkürzungen der Wochentage (Variation: Hinzunehmen eines Arbeitsblattes zum Nachspuren oder Abschreiben)
- Formen – Metallne Einsätze – Formkarten
- Geometrische Kommode
- (B) Monatstafel – Zahlenkärtchen zum Auflegen
- (B) Seguintafel mit Perlenstäbchen

Die mit (K) versehenen Materialien fördern kommunikative Kompetenzen, die mit (B) versehenen sind im Buch „Vorhabenorientierte Freiarbeit" beschrieben

Stundenplan als Sprechanlass

Zur vorbereiteten Umgebung gehören in unserer Klasse weiterhin:

- Ein Stundenplan: die Farben der Wochentage entsprechen dem Tischdienstplan (Abb. 50)
- Ein Regal für die Materialien zum selbstgesteuerten Lernen in der Freiarbeit (Abb. 51)
- Ein fester Platz für die Spielmaterialien (Abb. 52)

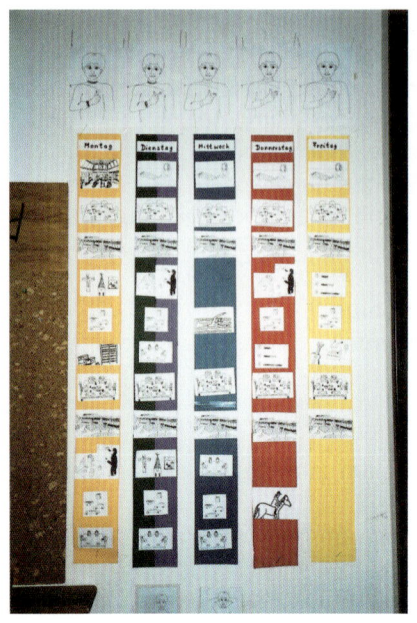

Abb. 50

Abb. 52

Abb. 51

74

Der Stundenplan ermöglicht vor jeder Unterrichtseinheit das Nachschauen und Benennen, was jetzt dran ist. Das Benennen kann über Lautsprache, Zeigen auf Abbildungen oder Gebärden der Unterrichtssituationen erfolgen. Für Schüler, die durch Abbildungen oder Orientierung am Stundenplan überfordert sind, stehen Fotos der Unterrichtssituationen bereit, die in ihrer Anzahl entsprechend dem jeweiligen Tag oder den Schülerbedürfnissen reduziert werden können.

Im Rahmen der Freiarbeit (1 mal am Tag) und des Freispiels (2 mal am Tag) können die Schüler wählen und ihre Entscheidung mitteilen durch:
- Greifen des Materials
- Zeigen des Materials
- Gebärden
- Lautsprache
- Zeigen auf Materialsymbolkärtchen
- Zeigen auf Fotos der Spielmaterialien, hier Hinführung zum Ausdrücken von Wünschen mittels Zeigen auf Fotos (Abb. 53)

Das Angebot der Spielmaterialien berücksichtigt die geäußerten oder beobachteten Spielinteressen der Schüler. Beliebt sind neben den für die Klassenbücherei hergestellten Büchern zu den vergangenen Vorhaben die dazu passenden Gebärdensammlungen (Abb. 54)

Abb. 53

Abb. 54

Mahlzeiten als Gelegenheit zum Äußern von Bedürfnissen

Die Mahlzeiten beinhalten viele Kommunikationsanlässe:

- Auswählen eines Gebetes: Schüler ohne Lautsprache können ihren Wunsch durch eine Schlüsselgebärde oder Zeigen auf Bildkarten ausdrücken
- Sprechen des Gebetes: die zur Auswahl stehenden Gebete sind mit Gebärden eingeführt
- Sich Guten Appetit wünschen: Schüler ohne Lautsprache beteiligen sich hierbei mit Nicken des Kopfes
- Nahrungsmittel und Getränke: Schüler ohne Lautsprache können ihre Wahl durch Gebärden oder Zeigen auf Bildkarten an den Thementafeln „Frühstück" (Abb. 55) oder „Mittagessen" mitteilen. Wir nutzen das Frühstück, um den Schülern die Erfahrung zu geben, dass sie mit Bildkarten auch einen Wunsch nach nicht anwesenden Dingen ausdrücken und so die Umwelt beeinflussen und ihr Leben mehr mit gestalten können: jeder Schüler darf sich an dem Tag, an dem er Tischdienst hat, etwas Besonderes für das Frühstück am nächsten Tag wünschen. Hierzu steht ein Körbchen mit Lebensmittelabbildungen bereit,

die im täglichen Schulfrühstück nicht enthalten sind und von uns dann entsprechend besorgt werden.

- Tischgespräche: hier werden Schüler ohne Lautsprache über Gebärden oder bewusstes Achten auf ihre körpereigenen Kommunikationsformen mit einbezogen.

Abschlusskreis

Im Abschlusskreis endet der Schultag mit Kommunikation:

- der folgende Tag wird mittels Lautsprache, Gebärden oder Tischdienstplan benannt
- in einem kleinen Vorblick werden wesentliche Vorhaben besprochen oder an mitzubringende Dinge erinnert. Hier können sich Schüler ohne Lautsprache durch Zeigen auf Unterrichtssituationen oder durch Gebärden einbringen
- der Abschied erfolgt durch einen Handkreis, Blicke, Sprache und Kopfnicken.

Abb. 55

77

Teil 4: Jens, Beate und Anke machen sich verständlich – Zur Entwicklung individueller Kommunikationssysteme

Förderdiagnostik

Grundlage Unterstützter Kommunikation bildet eine diagnostische Abklärung, die eine Befragung von Bezugspersonen und eine Überprüfung/Beobachtung folgender Aspekte beinhaltet:

- Kommunikative Verhaltensweisen: Vokalisationen, Blicke, Mimik, Gestik, interaktives Verhalten, Kommunikationsfähigkeit,............
- Sprachverständnis
- Sprachfähigkeit: Mundmotorik, Lautspache, Wortschatz, Artikulation, ...
- Lesen und Schreiben
- Kognitive Fähigkeiten: Aufmerksamkeit, Gedächtnis, produktives Denken (Klassen ergänzen, Ordnen, Zuordnen, Analogien, Symbolverständnis,.....), rechnerisches Denken
- Motorische Fähigkeiten
- Psychosoziale Fähigkeiten: Psychische Verfassung, Sozialverhalten, Arbeitsverhalten, Lernbereitschaft, Interesse,..........
- Wahrnehmung: auditive, visuelle, taktile/kinästhetische Fähigkeiten, extraoculare Muskelkontrolle, mnestische Funktionen
- gegenwärtige Bedürfnisse mit Blick auf zukünftige Veränderungen
- Haltung (Verständnis, Kompetenzen,.....) der Bezugspersonen im Bezug auf die kommunikative Situation
- Institutionelle Voraussetzungen: Personal, Sachausstattung,....

Konkrete Beobachtungsgesichtspunkte und Fragen finden sich hierzu bei Ledl (1994) und Kristen (1994).

Bei der Erstellung eines Förderplans ist zu beachten, dass insbesondere kognitive Fähigkeiten, Sprachverständnis, Arbeitshaltung bei nichtsprechenden Kindern vor Einsatz Unterstützter Kommunikation nur schwer feststellbar sind und zu jedem Zeitpunkt erneut sehr intensiv beobachtet werden müssen.

Die Entwicklung eines individuellen Kommunikationssystems schließt konkrete Zielformulierungen, Kommunikationshilfen sowie die Beteiligung der Bezugspersonen mit ein und bedarf im Sinne einer Prozessdiagnostik der ständigen Beobachtung und Reflexion.

Jens

Jens befindet sich im 3. Schulbesuchsjahr in unserer Klasse. Der Vorschlag zur Einschulung in eine Schule für Geistigbehinderte erfolgte aufgrund einer erheblichen Retardierung der gesamten Entwicklung. Auf eine Auswertung standardisierter Testverfahren wurde im Rahmen des Gutachtens verzichtet, da nicht erkennbar war, ob Jens die Aufgaben nicht verstand oder sich nur nicht darauf einlassen konnte.

In den ersten Wochen nach Schuleintritt notierten wir:

Institutionelle Bedingungen	• In der Klasse verständigt sich ein nichtsprechendes Kind mittels FC und Gebärden
Kommunikative Verhaltensweisen	• kein Blickkontakt, auch nicht bei Ansprache • Laut „eeh" um Aufmerksamkeit zu erzielen und im stark veränderten Tonfall als Abwehrreaktion • Lautverbindung „momano" als Ausdruck von Ärger • Zeigen auf gewünschte Dinge • keine „Ja-Nein" Ausdrucksmöglichkeit • Kontaktaufnahme zu Erwachsenen (an der Hand ziehen), wenn er diese braucht, weil er allein gewünschte Dinge nicht erreicht
Sprachverständnis	• reagiert auf Aufforderungen, die Handlungen seines konkreten Alltags bezeichnen • reagiert auf seinen Namen mit Innehalten • weiteres Sprachverständnis nicht direkt erkennbar • Blicke aus dem Augenwinkel auf benannte Personen oder auf die Wanduhr, wenn in abstrakten Zusammenhängen über Zeitpunkte gesprochen wird, können Hinweise für ein hohes Sprachverständnis sein: verstärkt beobachten!
Lesen und Schreiben	• Blicke aus dem Augenwinkel, wenn wir etwas notieren • Blättern in Katalogen • Kritzelstadium

Psychosoziale Fähigkeiten	• keine Kontaktaufnahme zu Kindern • Teilnahme (passive) am Gruppengeschehen nur für wenige Minuten und mit direkter intensiver Zuwendung einer Lehrkraft • Interesse an Sachinformationen erkennbar durch Zuhören und kurzes Nichtstören • leicht ablenkbar • sehr geringe Konzentrationsspanne, außer beim Schauen von Katalogen • beachtet keine Regeln
Motorische Fähigkeiten	• sehr unruhig, steht ständig auf und geht umher • ständiges Bewegen von Armen und Händen • Probleme bei der Bewegungskoordination, z.B. wackelt beim Gehen, kann nicht klettern oder rennen • kann einfache vorgegebene Bewegungen mit den Armen und Händen nachmachen • kann einen Stift halten und Gegenstände greifen
Wahrnehmung	• Reduziertes Schmerz- und Temperaturempfinden • Fehlende Auge-Hand-Koordination: Jens schaut beim Ausführen von Tätigkeiten weg • Scheint manchmal die Handlungen der Lehrkräfte und Mitschüler zu beobachten, manchmal wirkt er eher auf sich selbst zurückgezogen • Beobachtet sehr genau die Kommunikation mittels Gebärden und FC
Autistische Verhaltensweisen	• Abwehren von Veränderungen im Raum oder von gewohnten Abläufen • Fixierung auf die eigene Körperlichkeit • Bewegungsstereotypien, z.B. Flattern der Hände, Wackeln mit dem Kopf • Vermeiden von Blickkontakt • Probleme, Nähe zu ertragen • Nichtaushalten von Körperkontakt
Auffälligkeiten im Verhalten	• Verhaltensweisen, welche die Gesundheit gefährden: z.B. Auslutschen von Spüllappen und Tafellappen, ...
Selbstversorgung	• Einkoten/Einnässen • Benötigt Hilfe beim Ankleiden

Als erste Bausteine eines Kommunikationssystems für Jens sah die Team-besprechung auf Grundlage der Notizen vor:

- Blicke und Gesten
- Versuch des Aufbaus von Gebärden
- Anbieten von Kommunikationshilfen: Gegenstände, Fotos, Abbildungen
- vorrangiges Ziel: Aufbau der Ja-Nein-Geste

Jens verfolgte alle diese Angebote Unterstützter Kommunikation aufmerksam. Angebotene Gebärden erkannte er bereits nach wenigen Wochen für sich als Ausdrucksmöglichkeit und eignete sie sich dann rasch an, um Wünsche, Kenntnisse, vergangene und geplante Ereignisse mitzuteilen, wobei er bereits nach 3 Monaten Gebärdenfolgen verwendete. Die Eltern unterstützten diesen Prozess, indem sie viele Gebärden mitlernten, wenn auch nicht so schnell wie Jens. Der Einsatz von Gebärden im Unterricht begleitend zur Lautsprache (Schlüsselwörter) half Jens sich auf den Sprecher zu konzentrieren und erhöhte seine Ausdauer. Über das Schauen auf die Hände des Sprechers konnten wir nach und nach ein Schauen in die Augen aufbauen (Blickkontakt). Auffallend war, dass Jens im Freispiel statt Kataloge bald die für ihn angelegte Gebärdenmappe wählte, darin las und den Bewegungsablauf von Gebärden übte. Wir ergänzten die Mappe mit nicht erarbeiteten Gebärden und beobachteten, dass Jens die Abbildungen umsetzen konnte – ein entscheidender Hinweis auf seine visuelle Differenzierungsfähigkeit, sein Symbolverständnis und seine kognitiven Fähigkeiten.

Jens konnte den Bewegungsablauf der Ja/Nein-Gesten imitieren, diese jedoch nicht bedürfnisgerecht einsetzen: auf Fragen gelang ihm stets nur ein Nicken, auch wenn aus der Situation oder dem Gesichtsausdruck ein Nein zu lesen war. Entscheidungen waren daher zunächst nur über Gegenstände möglich.

Jens zeigte deutliches Interesse an Fotos und Abbildungen, schaute sie an und hantierte damit, konnte diese jedoch weder gezielt (eine bestimmte Karte) greifen noch gezielt zeigen. Wiederholt wählte er in der Freiarbeit Materialien mit Ziffern oder Buchstaben, um diese dann in den Mund zu nehmen oder zu knicken. Wir nahmen seine Wahl als Ausdruck uns einen Interessenhinweis zu geben und besprachen sein Kommunikationssystem durch das Angebot von FC zu erweitern. Diese Entscheidung erfolgte in Absprache mit den Eltern, die beabsichtigten bei Erfolg eine entsprechende Fortbildung zu besuchen.

Mittels FC war Jens in der Lage, die angebotenen Abbildungen als Ausdrucksmöglichkeit zu nutzen und uns anhand der Freiarbeitsmaterialien zu zeigen, dass er über Lesefähigkeiten und abstraktes Sprachverständnis verfügte. Wir ergänzten die Kommunikationshilfen mit Wortkarten und Buchstabenkarten und passten unsere Ansprache seinem Sprachniveau an. Ja/Nein-Karten ermöglichten Jens mittels FC eindeutige Entscheidungen unabhängig von der Gegenstandsebene und erweiterten erheblich seinen Entscheidungsspielraum.

Über das gestützte Zeigen von Bild- und Wortkarten förderten wir die Auge-Hand-Koordination, indem wir ihn stets aufforderten hinzuschauen und seinem Zeigedruck erst nachgaben, wenn er dabei auf die Karten sah.

Jens' Kommunikationssystem und damit seine kommunikativen Kompetenzen erweiterten sich schrittweise durch:

- Einführung der Buchstabentabelle: Jens beherrschte die Rechtschreibung und nutzte mittels FC diese Kommunikationshilfe, um sein Sachwissen, seine Interessen und Rechenkenntnisse darzulegen und erleichterte uns so die Bereitstellung adäquater Materialien. Eine entscheidende Hilfe war diese Kommunikationsform bei der Regulierung von Jens' Verhaltensproblemen. Wir konnten mit ihm klare Regeln sowie Konsequenzen festlegen. Geschriebene Wörter hatten für Jens Bedeutung und beeinflussten sein Verhalten in weit größerem Maße als mündliche Vereinbarungen.
- Anbahnung des Gestützten Malens (Stifte und Aquarelltechnik) und des Gestützten Handschreibens (Abschreiben von Wörtern in Druckbuchstaben)
- Stetige Erweiterung des Gebärdenwortschatzes durch angebotene Gebärden im Unterricht, Lesen in Gebärdenbüchern und Erfragen von Begriffen persönlicher Bedeutung in entsprechenden Situationen
- Übungen zum gezielten Zeigen auf Karten nur mittels emotionaler Stütze (mit stetiger Verringerung des Abstands sowie Vergrößerung der Anzahl der Karten)
- Übungen zur Rücknahme der Stütze an der Buchstabentabelle vom Handgelenk zum Unterarm: hierzu eigneten sich Unterrichtsinhalte (Abfragen von Sachwissen), bei emotional belasteten Inhalten der freien Kommunikation war Jens mit diesen Übungen überfordert

Durch die Möglichkeit zum Ausdruck und Austausch durch die Unterstützte Kommunikation, sowie durch das Lernen in vorbereiteter Umgebung, die vorhandenen Strukturen, die adäquaten Lernangebote und durch eine klare, verlässliche und konsequente Erzieherhaltung haben sich Jens' Verhaltensprobleme innerhalb des Orientierungsrahmens „Klasse" erheblich reduziert. Er kann sich lange Zeit im Unterricht konzentrieren und zeigt sich wissbegierig und interessiert an allem Neuen. Jens kann inzwischen nicht nur Nähe aushalten, sondern Gemeinschaft ist ihm wichtig geworden. Er sucht den Kontakt zu Mitschülern und nimmt mit Lehrkräften Blickkontakt auf. Die Fixierung auf die eigene Körperlichkeit hat sich gelöst. Jens kleidet sich selbstständig an, geht ohne Aufsicht zur Toilette und benutzt diese angemessen. Er arbeitet in der Freiarbeit kurze Zeit ohne Anwesenheit einer Lehrkraft. Materialien, die seinem kognitiven Niveau entsprechen und Anordnungshilfen enthalten unterstützen diese Entwicklung.

Jens verwendet Gebärden, um sich selbst eine Verhaltenshilfe zu geben (z.B. Toilette-fertig-komme-hier), um „laut vor sich hin zu sprechen", wenn er intensiv mit etwas beschäftigt ist oder etwas verarbeitet, sowie um seine geschriebenen Mitteilungen vorzulesen.

Zum Zeitpunkt der in Teil 2 beschriebenen Vorhaben notierten wir für den Bereich Kommunikation folgenden Förderbedarf:
- Übung des gezielten Zeigens oder Ordnens von Bild-, Wort- und Textkarten ohne Stütze
- Ausbau des Arbeitens ohne Anwesenheit einer Lehrkraft
- Förderung der Kommunikation mit Mitschülern
- Übungen zur Rücknahme der körperlichen Stütze an der Buchstabentabelle
- Übungen zum Blindstützen an der Buchstabentabelle
- Ausdrücken von Aufträgen, Formulierung von Botschaften mittels Gebärden oder FC an der Buchstabentabelle (Absprache mit den Eltern)
- Aufbau von Arbeitstechniken: Entnehmen und Wiedergeben von Informationen aus Sachtexten
- Aufbau von Dialogregeln

Beate

Beate wurde zu Beginn des Schuljahres in unsere Klasse eingeschult. Auch bei ihr gründete sich die Gutachtenentscheidung auf einen erheblichen Entwicklungsrückstand, standardisierte Testverfahren konnten nicht durchgeführt werden.

In den ersten Wochen ermittelten wir folgende diagnostische Daten:

Institutionelle Bedingungen	• In der Klasse sind zwei weitere Schüler ohne Lautsprache: Jens und Anke
Kommunikative Verhaltensweisen	• lässt Blickkontakt zu • drückt sich durch Blicke, Mimik, Gestik und Körperhaltung aus • folgende Lautäußerungen und Wörter: aa, ee (Aufmerksamkeit), Mama, Papa, ma (Oma), pa (Opa), Ba (Ball), nanne (Susanne = Schwester), baden • kann die Bewegung der Ja/Nein-Gesten ausführen, jedoch nicht situations- und bedürfnisgerecht einsetzen • streckt Hand in Richtung gewünschter Dinge, kein differenziertes Zeigen • Kontaktaufnahme zu Erwachsenen (Laute, Antippen, Ziehen, sich vor jemanden stellen), um begehrte Nahrungsmittel oder Aufmerksamkeit zu bekommen
Sprachverständnis	• reagiert auf ihren Namen durch Hochschauen • reagiert sehr selten auf Aufforderungen, die sich auf konkrete Alltagshandlungen beziehen, beobachtet jedoch unverkennbar die folgende Reaktion • reagiert auf „Komm" mit weglaufen, lacht dabei • reagiert gezielt auf an Mitschüler gerichtete Verhaltenshinweise mit dem angemahnten Verhalten: Sprachniveau in diesen Situationen genauer beobachten • weiteres Sprachverständnis nicht direkt erkennbar • kurze Blicke auf benannte Personen, Uhr (bei erwähnten Zeiten): verstärkt beobachten
Lesen und Schreiben	• schaut interessiert auf die Wochentage (Tagesbeginn) • Kritzelstadium, nimmt eigeninitiativ keinen Stift in die Hand

Wahrnehmung	• Fehlende Auge-Hand-Koordination: Beate schaut beim Ausführen von Tätigkeiten weg • scheint oft auf sich selbst bezogen, scheint manchmal gezielt ihre Umgebung und die handelnden Personen zu beobachten • beobachtet auffallend interessiert Gebärden und versucht diese nachzumachen • Berührungsreize sind ihr manchmal unangenehm

Die Diagnose beinhaltet weiterhin Angaben zu oben genannten Aspekten.

Auf dieser Grundlage überlegte unser Team für Beate folgende erste Bausteine eines Kommunikationssystems:
• Blicke, Mimik, individuelle Gesten, Körperhaltung
• Aufbau von Gebärden
• Suche nach Möglichkeiten der Erweiterung von Laut- und Wortäußerungen (Förderung der Lautsprachentwicklung)
• Anbieten von Gegenständen, Fotos, Abbildungen als Kommunikationsmittel
• Förderung des bedürfnisgerechten Einsatzes der Ja/Nein-Gesten durch gestaltete Entscheidungssituationen

Beate zeigte ein auffallend großes Interesse an den im Unterricht angebotenen Gebärden. Sie schaute mit sichtlicher Freude auf den Sprecher, versuchte spontan den Bewegungsablauf zu imitieren und konnte so zunehmend länger das Unterrichtsgeschehen „aushalten" ohne ihre Mitschüler zu „stören". Nach einigen Wochen konnte sie einige Gebärden auch ohne Bewegungsvorbild nach Aufforderung ausführen. Sie begann zu den Gebärden die deutlich vorgesprochenen Wörter nach zu lautieren, mit Begeisterung an der Klanggestalt und mit mehrmaligen Wiederholungen. Rhythmisierungshilfen griff sie spontan auf, wobei es ihr gelang die korrekte Silbenzahl zu klatschen.

Gegenstände, Fotos und Abbildungen weckten zwar Beate's Interesse und halfen ihr sich auf Lerninhalte zu konzentrieren, sie war jedoch nicht in der Lage, diese als Kommunikationshilfe zu nutzen. Sie griff ungezielt zu und hantierte dann damit. Ihr Blick ging jedoch kurz ganz gezielt auf benannte reale oder abgebildete Objekte. Als Beate in der Freiarbeit ein Material mit Zuordnung Gegenstand – Abbildung wählte, das Material jedoch gegen die Zähne schlug, setzte sich eine Lehrkraft zu ihr, um nach Wegen zu suchen, ihr das gezielte Zeigen und Ordnen möglich zu machen. Hierbei kam uns unsere mehrjährige FC-Erfahrung mit unterschiedlichen Schülern zugute, die unserer Grundhaltung eine klare Ausstrahlung verlieh und Beate durch den bewussten Einsatz einer intensiven emotionalen Stütze den nötigen Halt gab. Wir fanden für Beate folgende Unterstützung:

- indirekte Hilfen zur:
  - Konzentration durch Reizabschirmung
  - Orientierung durch visuelle Strukturierung des Arbeitsplatzes
- direkte Hilfen durch:
  - Instruktionen: Schau hin, schau genau
  - Aufforderungen: Gib mir, was hierhin gehört (Hinweis: auch bei Beate bestätigte sich die Erfahrung, dass die Aufforderung „Gib mir" besser umgesetzt werden kann als die Aufforderung „Zeig mir")
  - Gesten: Unterstützung der Aufforderung „Gib mir, was hierhin gehört" durch die Gesten „Hinhalten einer geöffneten Hand" und „Deuten mit der anderen Hand"
  - eine ritualisierte Vorgehensweise
  - falls notwendig Körperkontakt (Halt geben):
    – Halten der nichtarbeitenden Hand oder falls noch weitere Unterstützung erforderlich
    – Halten beider Hände, bis Beate durch einen Blick deutlich gemacht hat, dass sie zu einer kontrollierten Bewegung bereit ist

Nachdem wir es Beate auf diese Weise möglich machten uns ihre Kenntnisse zu zeigen, wurde bei ihr Leistungsbereitschaft erkennbar. Wir verstärkten unsere Forderungshaltung bezüglich Einhaltung von Regeln und Berücksichtigung der Bedürfnisse der Mitschüler.
Mit unserer Erwartungshaltung sowie der Möglichkeit sich einzubringen entwickelte sich bei Beate erkennbares Interesse am Unterricht und Bereitschaft zur aktiven Teilnahme. Es zeigten sich erste Ansätze von sachbezogener Eigenaktivität sowie der bedürfnisgerechten Anwendung der Ja/Nein-Geste..........

In der Freiarbeit wurden für sie Materialien bereitgestellt, die auf die Entwicklung von Eigenaktivität zielen (Die Maus hat sich versteckt, Sortierschalen, Tastkiste,....) oder gezieltes Greifen, Zeigen, Ordnen schulen (Biologische Kommode, Tiere)

Mit Abschluss des Vorhabens „Ein Märchen im Wald" hielten wir dann folgende kommunikativen Kompetenzen fest: Beate:
- nimmt von sich aus Blickkontakt mit Lehrkräften und Mitschülern auf
- verständigt sich intensiv mit Jens über Blicke (für uns sichtbar) und andere uns nicht zugängliche Formen (wir können den Vorgang wahrnehmen, das „Wie" bleibt uns noch verborgen)

- beginnt mittels Gebärden Bedürfnisse auszudrücken (Brot, trinken, fertig, Apfel,........)
- benutzt Gebärden zur Benennung von Mitschülern und Lehrkräften, sowie einigen Namenwörtern und Eigenschaften (Freiarbeit, eckig, ...)
- zeigt mittels intensiver emotionaler Stütze anhand von Bildkarten einige ihrer Kenntnisse
- kann mittels intensiver emotionaler Stütze Gegenstände und Bildkarten einander zuordnen und die Schriftbilder ihrer Lieblingsbegriffe zeigen
- setzt Ja/Nein-Gesten immer öfter erkennbar bedürfnisgerecht ein
- spricht Laute nach
- hat einige Wörter gelernt (ich, Apfel, Jens, Roos, Köhnen, Uli, ...), die sie zum Benennen verwendet
- wählt in der Freiarbeit Partner und zeigt durch Körperhaltung und Blicke, dass sie gerne gewählt werden möchte

Zur Erweiterung des Kommunikationssystems notierten wir an Förderbedarf:
- Ausbau des Gebärdenwortschatzes
- Förderung der Lautsprache durch Aufgreifen und Verstärken von Lautäußerungen und durch Aufbau von Wortklanggestalten durch Vorsprechen, Gebärden, Silbenklatschen und Schriftbilder
- Übung des gezielten Greifens, Zeigens, Ordnens
- Förderung von Eigeninitiative und Eigenaktivität, Arbeiten ohne Lehrkraft durch Suche nach geeigneten Materialien
- Förderung der positiven Interaktion und Kommunikation mit Mitschülern

Anke

Anke wurde zu Beginn dieses Schuljahres in unsere Klasse eingeschult. Bei ihr liegt ein Sturge-Weber-Krabbe Syndrom mit stark ausgeprägtem Krankheitsbild, verbunden mit epileptischen und abnömen Anfällen, vor. Eine ständige Aufsicht ist daher unerlässlich.

In den ersten Wochen notierten wir:

Institutionelle Bedingungen	• In der Klasse sind zwei weitere Schüler ohne Lautsprache: Jens und Beate
Kommunikative Verhaltensweisen	• lässt Blickkontakt zu und nimmt Blickkontakt auf • drückt sich durch Blicke, Mimik, Gestik und Körperhaltung aus • großes Kommunikationsbedürfnis • greift gewünschte Gegenstände • keine Ja/Nein-Gesten • macht mit Krähen und Lautieren auf sich aufmerksam • Lautverbindung „mamamam" und Stampfen bei Ärger und Unzufriedenheit • lautiert und zieht an der Hand anderer Personen, um Bedürfnisse zu äußern oder um die Handlungen des anderen zu bestimmen • antwortet (reagiert) nicht auf Fragen • zeigt großes Interesse an Gebärden
Sprachverständnis	• reagiert auf Aufforderungen, die Handlungen ihres konkreten Alltags bezeichnen, allerdings mit einer kurzen Zeitverzögerung oder nach Wiederholung der Aufforderung, unterstützt mit Gesten oder Gebärden • reagiert auf ihren Namen durch Hinschauen • weiteres Sprachverständnis nicht erkennbar
Lesen und Schreiben	• Erfassen von Situationen • Kritzelstadium • hält Stift mit der Faust
Motorische Fähigkeiten	• gute Bewegungskoordination, z.B. klettert geschickt, balanciert, trägt gleichzeitig 2 Tassen und eine Kanne • Pinzettengriff, Handhabung der Schere, ... • kann einfache vorgegebene Bewegungen nachmachen
Wahrnehmung	• herabgesetztes Temperatur- und Schmerzempfinden • sortiert nach Farben und Formen • gute Auge-Hand-Koordination • beobachtet ihre Umgebung, die Handlungen und Reaktionen ihrer Mitschüler und Lehrkräfte

Die Diagnose beinhaltet weiterhin Angaben zu oben genannten Aspekten.

Die ersten Bausteine zur Entwicklung eines Kommunikationssystems bestanden aus:
- Blicken, Gesten, Mimik, Körperhaltung, Köperbewegungen, Lauten
- Versuch des Aufbaus von Gebärden
- Anbieten von Kommunikationshilfen: Gegenständen, Fotos, Abbildungen
- vorrangige Ziele:
  - Aufbau der Ja/Nein-Geste
  - Hinführung zur Gesprächserfahrung, dass auf eine Frage auch eine Antwort erwartet wird
- Verstärkung von Lautäußerungen, Verbindung von Lauten mit Bedeutung

Anke halfen die Gebärden sich auf den Sprecher zu konzentrieren, lautsprachliche Äußerungen zu verstehen und ihre Konzentrationsfähigkeit im Unterricht zu erweitern. Sie imitierte mit großer Freude den Bewegungsablauf. Erste Ansätze Gebärden für sich als Ausdrucksmöglichkeit zu verwenden verstummten nach zwei Anfällen, die Anke in ihrer gesamten Entwicklung zurückwarfen.
Die Ausführung der Kopfbewegungen der Ja/Nein-Gesten fiel ihr schwer.
Der Aufbau vollzog sich situationsbezogen und in folgenden Schritten:
- deutliches, betontes, langsames Vormachen der Bewegung
- Unterstützung der Bewegungsführung durch die Lehrkraft: Auflegen einer Hand auf den Kopf (Ja-Geste) oder beider Hände auf die Ohren (Nein-Geste)
- Vorstufe zur Bewegung: Anke legt sich selbst zum Nachmachen der Gesten die Hände an die entsprechenden Stellen ohne jedoch den Kopf zu bewegen und drückt so in einigen Situationen ihre Zustimmung oder Ablehnung aus
- Anke unterstützt mit den Händen ihre Kopfbewegung
- Nachmachen der Bewegung ohne Hände
- Ausführen der Bewegung ohne Hände

Anke's Erfahrung, dass den Lehrkräften ihre Antwort auf eine an sie gerichtete Frage wichtig ist, verlief nicht konfliktfrei. Wir planten in Team die Gestaltung von Fragesituationen und sprachen unsere Reaktionen ab. Anke erlebte so unsere klare Erwartungshaltung und auch dass wir ihre Entscheidungen ernst nahmen. Die Annahme der Gesprächsregel wurde in der Freiarbeit durch die Wahl der Sozialform unterstützt, auch ihre Mitschüler erwarteten eine Zusage oder Ablehnung ihrer Partneranfrage. Mit der Entwicklung der Klasse hin zu einer Gemeinschaft und unserer klaren Erzieherhaltung wuchs Anke's Bereitschaft und Fähigkeit Regeln des Zusammenlebens einzuhalten. Ihre Ausdauer im Unterricht nahm ein wenig zu. Als sie begann Kenntnisse durch Zeigen auf Gegenstände und Abbildungen zum Ausdruck zu bringen, entschied das Team ihr diese Kommunikationshilfen auch zum Ausdruck ihrer Bedürfnisse zur Verfügung zu stellen. Als erste Bereiche stellten wir im Hinblick auf die tägliche natürliche Verwendungs- und Übungsmöglichkeit die Tafeln „Spielen" und „Frühstück" zusammen. Wir begannen mit wenigen auf Anke abgestimmten Abbildungen und ergänzten diese sobald Anke sich zurechtfand. Ihre Wahl durch Zeigen auf Abbildungen konnte sie durch Greifen der entsprechenden Gegenstände auf dem Frühstückstisch oder im Freispielregal bestätigen.

Mit Abschluss der beschriebenen Vorhaben notierten wir folgenden kommunikative Kompetenzen: Anke
- beginnt Ja/Nein-Gesten bedürfnisgerecht einzusetzen
- zeigt die Bereitschaft sich auf Fragen um eine Antwort zu bemühen
- kann Abbildungen und Gegenstände selbstständig einander zuordnen
- bringt durch Zeigen auf Gegenstände und Abbildungen Kenntnisse in den Unterricht ein
- teilt mittels der Kommunikationstafel „Spielen" und „Frühstück" ihre Wünsche mit
- wählt zunehmend gerne Partner oder wünscht gewählt zu werden
- zeigt weiterhin sehr großes Interesse an Gebärden
- imitiert den Bewegungsablauf
- führt einige Gebärden nach Aufforderung ohne Bewegungsvorbild aus (Roos, essen, Sinneserziehung, Freiarbeit, komm, spielen, trinken), kann diese jedoch noch nicht als Mitteilungsmöglichkeit verwenden

Zur Erweiterung ihres Kommunikationssystems hielten wir fest:
- Förderung des bedürfnisgerechten Einsatzes der Ja/Nein-Gesten durch gestaltete Fragesituationen
- Festigung der Gesprächsregel „Frage-Antwort" durch gestaltete Fragesituationen
- Ausbau der Verständigung über Kommunikationstafeln mit einer Thementafel „Mittagessen", einer individuellen Tafel mit persönlichen Motiven und einer „Vorhabentafel" zum nächsten Vorhabenthema
- Förderung der Interaktion und Kommunikation mit Mitschülern durch geeignete Materialien
- Aufbau weiterer Gebärden
- Versuch der Hinführung zur Verwendung von Gebärden als Mitteilungsmöglichkeit durch Konzentration auf ihre Lieblingsgebärden in gestalteten Übungssituationen

Literatur

Bambi, M.: Die Methode der gestützten Kommunikation bei Menschen mit autistischer Behinderung. Diplomarbeit an der Geisteswissenschaftlichen Fakultät der Leopold-Franzens-Universität Innsbruck. Innsbruck 1997

Bayerisches Staatsministerium für Arbeit und Sozialordnung, Familie, Frauen und Gesundheit (Hrsg.): Gestützte Kommunikation (FC) bei Menschen mit schweren Kommunikationsbeeinträchtigungen. München 2000

Braun, Ursula: Besonderheiten der Gesprächssituation. In: Geistige Behinderung 2/96, S. 134-141

Bober, A. ; Thümmel, I.: Es kann doch zumindest nicht schaden? Risiken beim Einsatz von Gestützter Kommunikation. In: Die neue Sonderschule 44, 1999, S. 434 – 451

Burger, Christine: Kommunikationsförderung in einer Werkstufe der Förderschule für geistig Behinderte. In: Lernen konkret 3/2000

Geistige Behinderung: Schwerpunktthema Unterstützte Kommunikation. 2/96

Haupt, Ursula: Nicht sprechende Kinder mit schweren cerebralen Bewegungsstörungen. In: Lernen konkret 4/98

Häußler, Anne: Strukturierung als Hilfe zum Verstehen und Handeln: Die Förderung von Menschen mit Autismus nach dem Vorbild des TEACCH-Ansatzes. In: Lernen konkret 4/2000

Köhnen, Monika: Freiarbeit macht Spaß. In: Übungsreihen für Geistigbehinderte, Heft H 2. Dortmund 1997

Köhnen, M.; Roos, E.: Vorhabenorientierte Freiarbeit. In: Übungsreihen für Geistigbehinderte, Heft H 4. Dortmund 1999

Kristen, Ursi: Praxis Unterstützte Kommunikation. Düsseldorf 1994

Kristen, Ursi: Mit Blicken, Bildern und Computern sprechen. In: Lernen konkret 4/98

Ledl, Viktor: Kinder beobachten und fördern. Wien 1994

Lernen konkret: Unterstützte Kommunikation. 3/2000

Lernen konkret: Kommunizieren mit Gebärden und Symbolen. 2/2001

Ministerium für Bildung, Frauen und Jugend Rheinland-Pfalz (Hrsg.): Richtlinien und Lehrplan zur sonderpädagogischen Förderung von Schülerinnen und Schülern mit dem Förderbedarf ganzheitliche Entwicklung. 2001

Nagy, Christiane: Gestützte Kommunikation: Konzept und Erfahrungen. In: Geistige Behinderung, 2/96, S. 160 – 170

Nagy, Christiane: Einführung in die Methode der gestützten Kommunikation. München 1998

Nußbeck, Susanne: Gestützte Kommunikation. Göttingen 2000

Spiegelhalter, Jörg: Unterstützte Kommunikation als ein Förderansatz an der Schule für Geistig- und Körperbehinderte. In: Praxis-Info G 1/98

Staatsinstitut für Schulpädagogik und Bildungsforschung München: Lehrplan und Materialien für den Unterricht in der Schule für geistig Behinderte mit Abdruck der Allgemeinen Richtlinien. Bayern 1982

Staatsministerium für Kultus, Freistaat Sachsen: Lehrplan Schule für Geistigbehinderte. 1998

Tetzchner, S.; Martinsen, H.: Einführung in Unterstützte Kommunikation. Heidelberg 2000

Thüringer Kultusministerium: Vorläufiger Lehrplan für die Förderschule für Geistigbehinderte. Erfurt1998

Vande Kerckhove, Ludo: Ausblenden der Stütze. In: Gestützte Kommunikation – Erfahrungen, Projekte, Forschungsvorhaben. München 1997, S. 37 -38

Vande Kerckhove, Ludo: Neuromotorische Grundlagen von FC und Konsequenzen für das Ausblenden der Stütze. In: Gestützte Kommunikation – Tagungsbericht: Vorträge und Protokolle. München 1998a

Vande Kerckhove, Ludo: FC – Möglichkeiten einer Kommunikationsmethode. Videoband. Saarlouis 1998b

Vande Kerckhove, Ludo: Seminarprogramm FC. Saarlouis 2001-02

Wilken, Etta: Mit den Händen sprechen. In: Zusammen 10/2000

Veröffentlichungen von nichtsprechenden Menschen:

Bauby, J.-D.: Schmetterling und Taucherglocke.

Brown, C.: Mein linker Fuß. Berlin 1990

Crossley, R.; McDonald, A.: Annie – Licht hinter Mauern. München 1990

Sellin,B.: Ich will kein inmich mehr sein. Köln 1993

Übelacker, Franz: Ich lasse mich durch wilde Phantasien tragen. Berlin 1999

Zöller, D.: Wenn ich mit euch reden könnte. München 1991

Zöller, D.: Ich gebe nicht auf. Bern 1992

Zeitschrift „Bunter Vogel". Zeitschrift für Gestützte Kommunikation. Annemarie Sellin, Hugo Vogel Straße146. 14109 Berlin

ISAAC – Deutschland: Gesellschaft für Unterstützte Kommunikation e.V.

Geschäftsstelle
c/o Susanne Bünk
Pfarrer Dr. Hoffmann Str. 5a
53343 Wachtberg-Adendorf
homepage: Æ.isaac-online.de

dort erhältlich:

- Liste von Anbietern elektronischer Kommunikationshilfen
- Liste von Materialien zur Unterstützten Kommunikation
- Informationen über Fortbildungsveranstaltungen
- Bibliographie zur Unterstützten Kommunikation
- ISAAC´S Zeitung

Literatur zu den Vorhaben (Teil 2):

Antoine de Saint-Exupery: Der kleine Prinz

Aissen-Crewett, Meike: Darstellendes Spielen mit geistigbehinderten Kindern. Dortmund 1988

Bäume. Reihe: Sehen, Staunen, Wissen. Gerstenberg Verlag

Berzheim, Nora: Kinder gestalten mit Sprache, Gestik, Mimik und Tanz. Donauwörth 1978

Der Baum. Meyers Lexikonverlag aus der Reihe Meyers Kleine Kinderbibliothek

Freudenreich, u.a.: Rollenspiel. Hannover 1976

Hoffrage, H.; u.a.: Stutzen, Staunen, Stöbern. Spiele mit Knud dem Umweltfreund. Ökotopia Verlag, Münster

Koopmans, Loek: Ein Märchen im Schnee, Verlag Freies Geistesleben. 1997

Lernen konkret: Theater-Spiel-Räume. 2/97

Marpe-Merten; u.a.: Was mir der Baum vom Leben erzählt. In: Lernen konkret

Poeplau; Edelkötter: Komm mit zur Quelle. Drensteinfurt 1989

Tyssen, Wolfgang (Hrsg): Mit Kindern die Natur im Jahreskreis entdecken. Wotys Verlag, Meisenweg 22, 47533 Kleve

Anhang

1. Materialien zum selbstgesteuerten Lernen

2. Kopiervorlagen

Der Baum *

Material: Körbchen mit Fotos, Abbildungen, Gebärdenkarten

Aspekte:
* Kommunikation
* Wahrnehmung

Kompetenzen:
* Erweitern des Wortschatzes
* Erkennen und Benennen der Teile eines Baumes: Wurzeln, Stamm, Äste, Blätter

Bezug:
* Baumerfahrungen
* Materialien: Mein Partner als Baum, Tücherbaum, Wunschbaum, Auch Bäume haben Namen, „Der Baum erzählt", Rindenabdruck

Handhabung/Kontrolle:
* Fotos benennen und nebeneinander anordnen
* Abbildungen und Gebärdenkarten benennen und zuordnen
* Selbstkontrolle durch Farbmarkierungen auf der Rückseite

Herstellung/Beschaffung:
* Fotos: Teile eines Baumes auf Unterrichtsgängen fotografieren
* Abbildungen: Montessori-Material (Biologischer Kartensatz), oder selbst malen
* Gebärden: aus Gebärdensammlungen kopieren oder selbst malen

Sonderpädagogische Hinweise:
* Material fördert die Mitteilungsmöglichkeit und Teilnahmebereitschaft im Vorhabenunterricht
* Material setzt vielfältige Baumerfahrungen voraus
* Material eignet sich zum Arbeiten ohne oder nur mit emotionaler Stütze sowie zu Übungen zur Rücknahme der Stütze oder zum Blindstützen

Variationen:

- als Partnerarbeit
- Ergänzen mit Wortkarten
- Malen eines Baumes (Schüleridee!): Beschriften der Bestandteile durch Aufkleben oder Abschreiben vorbereiteter Schriftbilder oder mit Gebärdenkärtchen
- Baumpuzzle: Teile des Baumes benennen und zusammensetzen

Abb. 56

Tücherbaum (P)

Material: Körbchen mit Chiffontüchern in den Farben des Herbstes

Aspekte:
* Kommunikation
* Welterschließung
* Ästhetik

Kompetenzen:
* Miteinander über eine gemeinsame Aufgabe (Materialvorgabe) ins Gespräch kommen
* Sich verständigen, Farben und Anordnung absprechen
* Entwickeln und Umsetzen von Formvorstellungen
* Kennen der Teile eines Baumes
* Entwickeln von Kreativität

Bezug:
* Baumerfahrungen; Der Baum erzählt
* Materialien: Der Baum, Mein Partner als Baum, Wunschbaum

Handhabung /Kontrolle:
* Gemeinsam mit den Tüchern einen Baum gestalten (Abb. 57)
* Selbstkontrolle: Durch Legen auf den Tücherbaum die Baumgestalt anhand des eigenen Körpers überprüfen, Farbwahl anhand eines Bildes gemeinsam begutachten

Herstellung/Beschaffung:
* Angebote in Kaufhäusern nutzen

Sonderpädagogische Hinweise:
* Das Material setzt Erfahrungen der Schüler im Gestalten mit Tüchern sowie die Vorstellung von einer Baumgestalt voraus
* Bei der Einführung sollte besonderen Wert auf die Absprache bei Farbe und Anordnung gelegt werden, um vom „Nebeneinander" zum „Miteinander " zu gelangen

Variationen:
* Abmalen des Tücherbaumes
* Zuordnen von Wort-, Gebärden- oder Abbildungskarten zu den Teilen des Baumes

Mein Partner als Baum (P)

Material: Holzkiste mit flachen großen Kieselsteinen

Aspekte:
- Kommunikation
- Welterschließung

Kompetenzen:
- Sich absprechen
- Sich austauschen
- Über ein Material miteinander ins Gespräch kommen
- Entwickeln von Formvorstellungen
- Sich mit den Teilen eines Baumes auseinandersetzen

Bezug:
- Baumerfahrungen mit allen Sinnen
- Vergleich Körper – Baum, Baummeditation
- Materialien: Der Baum, Tücherbaum, Wunschbaum, Unser Baum erzählt

Handhabung/Kontrolle: (Abb. 58)
- Absprechen, wer welche Rolle übernimmt
- Ein Schüler legt sich auf den Boden und verwandelt sich in einen Baum: Beine nebeneinander (Stamm), Arme und Finger ausgestreckt (Äste)
- Der Partner legt mit den Steinen die Form des „Baumes" nach, der Baum versucht sich dabei möglichst nicht zu bewegen

Herstellung/Beschaffung:
- Steine suchen oder im Baumarkt erwerben

Sonderpädagogische Hinweise:
- Bei der Einführung klar heraus arbeiten, wie Rollen abgesprochen werden können
- Das Material fördert die Wahl der Partnerkonstellation „sprechend – nichtsprechend"

Variationen:
- Mit Partnerwechsel: Vergleich der beiden Baumformen

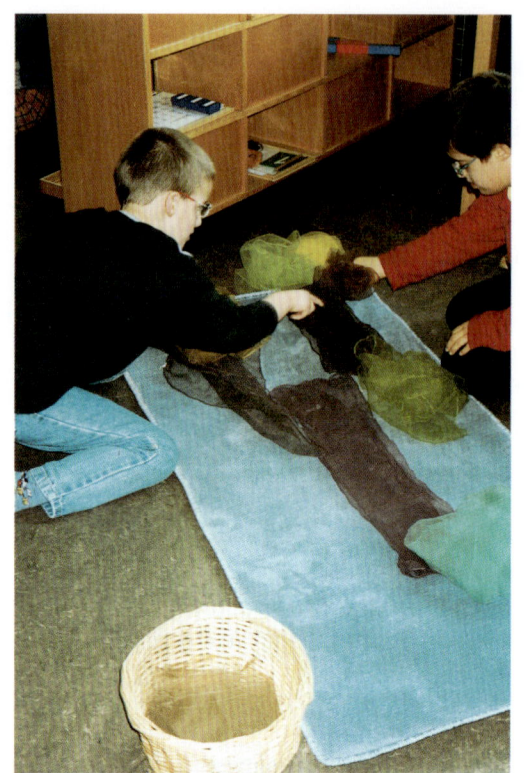

Abb. 57

Abb. 58

100

Auch Bäume haben Namen * °

Material: Holztablett, Abbildungen von ausgewählten Bäumen, deren Früchten und Nadeln/Blättern, Bezeichnungen, Körbchen mit entsprechenden Baumfrüchten und Blättern/Nadeln

Aspekte:
- Kommunikation
- Welterschließung

Kompetenzen:
- Gezieltes Greifen, Zeigen, Ordnen ohne Stütze
- Arbeiten ohne Gegenwart einer Lehrkraft
- Entwickeln von Bereitschaft Bekanntes zu vertiefen
- Bestimmen ausgewählter Bäume anhand von Form, Frucht, Blatt/Nadeln

Bezug:
- Waldbegegnungen
- Materialien: Der Baum, Baumbestimmungsbuch

Handhabung/Kontrolle:
- Baumabbildungen nebeneinander anordnen
- Früchte und Blätter/Nadeln befühlen, betrachten, benennen und zuordnen
- Abbildungen von Früchten und Blättern/Nadeln zuordnen
- Bezeichnungen lesen und zuordnen

Herstellung/Beschaffung:
- Abbildungen: Montessori – Material
- Naturmaterialien: Sammelaufgaben auf Unterrichtsgängen

Sonderpädagogische Hinweise:
- Differenzierung durch Anzahl der Bäume
- Für schwerbehinderte Schüler: Wahrnehmungserfahrungen mit den Naturmaterialien
- Für schwächere Schüler: Zuordnung von Früchten und deren Abbildungen
- Die zuerst genannten Kompetenzen beziehen sich auf Schüler, die mit FC arbeiten

Variationen:
- Als Partnerarbeit: Memory (Früchte – Blätter)
- Erweitern mit einem selbstgestalteten Baumbestimmungsbuch
- Erweitern mit Arbeitsblättern, z.B. Einkreisen bestimmter Blattformen oder Früchte
- Für FC: Lückentexte oder Fragen zum Baumbestimmungsbuch
- Naturquartett: Bäume

Abb. 59

Herbstblätter

Material: Holztablett, Farbtäfelchen (grün, gelb, rot, braun), Herbstblätter, Gebärdenabbildungen,

Aspekte:
* Kommunikation
* Welterschließung

Kompetenzen:
* Benennen ausgewählter Farben
* Festigen der Bewegungsabläufe der entsprechenden Gebärden
* Erkennen der Farben von Herbstblättern

Bezug:
* Waldbegegnungen: Veränderungen der Natur im Herbst
* Unser Tagesbeginn

Handhabung/Kontrolle (Abb. 60)**:**
* Farbtäfelchen einander zuordnen und benennen
* Herbstblätter zuordnen und deren Farben benennen
* Gebärdenabbildungen zuordnen
* Kontrolle durch den Lehrer oder Kontrollkarte

Herstellung/Beschaffung:
* Montessori-Farbtäfelchen oder selbst Farbkarten herstellen
* Blätter auf Unterrichtsgängen sammeln, oder Material „Blätterpresse" einsetzen
* Gebärden selbst malen oder Gebärdensammlungen entnehmen

Sonderpädagogische Hinweise:
* Möglichst eindeutig gefärbte Herbstblätter suchen
* Für Schüler, die für den Bewegungsablauf der Gebärden die Gebärdenabbildungen zum „Abschauen" benötigen, empfiehlt sich bei der Handhabung die Reihenfolge: Gebärdenkarten, Farbtäfelchen, Herbstblätter
* Bei Schülern, die den Bewegungsablauf noch nicht beherrschen und die Gebärdenabbildungen noch nicht umsetzen können, durch Vormachen Hilfe zum Benennen geben

Variationen:

- Herbstblätter in den entsprechenden Farben anmalen (Arbeitsblattvorlage)
- Schüler benennen, die die jeweilige Farbe haben (siehe Tagesbeginn)

Abb. 60

Abb. 61

Wortarten

Material: Körbchen, Bezeichnungen von Wortarten (Substantiv, Adjektiv, Verb), den Wortarten entsprechende Wortkarten zum Thema Wald

Aspekte:
* Kommunikation
* Welterschließung

Kompetenzen:
* Gezieltes Greifen, Zeigen, Ordnen ohne Stütze
* Arbeiten ohne Gegenwart einer Lehrkraft
* Bestimmen ausgewählter Wortarten
* Schriftbilder in Gebärden umsetzen (mit Gebärden „laut" lesen)

Bezug:
* Waldbegegnungen
* Materialien: Tiere, Teile eines Baumes

Handhabung/Kontrolle: (Abb. 61)
* Bezeichnungen der Wortarten nebeneinander anordnen
* Jeweils eine Wortkarte nehmen, lesen, gebärden, der Wortart zuordnen
* Kontrolle durch Farbmarkierungen auf der Rückseite oder durch die Lehrkraft

Sonderpädagogische Hinweise:
* Differenzierung durch Anzahl der Wortarten und Wörter
* Die Auswahl von im Vorhabenunterricht erarbeiteter Begriffe erleichtert durch den Erfahrungs- und Erlebnishintergrund die Zuordnung und ermöglicht das laute Lesen durch Gebärden
* Selbstkontrolle kann für Schüler, die erst beginnen ohne Stütze zu arbeiten, eine Überforderung bedeuten: Die Kontrolle durch die Lehrkraft bietet die Möglichkeit, sich die Wörter noch mal „vorlesen" zu lassen

Variationen:
* Erweitern mit Artikeln
* Bilden von Sätzen mit den Wortkarten, z.B. der Stamm ist dick

Wunschbaum

Material: Holztablett, kleiner Aquarellblock, Aquarellstifte (blau, gelb), Pinsel, kleines Schälchen für Wasser, Körbchen mit Bild-, Gebärden- und Wortkarten zum Thema „Gemeinsam"

Aspekte:
- Kommunikation
- Ich und andere
- Ästhetik

Kompetenzen:
- Erkennen und Benennen von Symbolkarten „Was kann ich mit dem anderen tun?"
- Reflektieren, welche gemeinsame Tätigkeit einem besonders wichtig ist
- Beitragen zur Gestaltung der Waldecke
- Umsetzen von Formvorstellungen (gegenständliches Malen)
- Umgehen mit Aquarellstiften und Pinsel

Bezug:
- Religionsunterricht „Baum als Symbol für Klassengemeinschaft"
- Baumerfahrungen „Unser Baum auf der Wiese"
- Weiterentwickeln des Materials „blau + gelb = grün"
- Materialien: Tücherbaum, Der Baum, Mein Partner als Baum

Handhabung/Kontrolle:
- Zeichnen eines Baumes mit gelben und blauen Stiften
- Verwandeln der Farben durch Anfeuchten mit dem Pinsel in grün
- Symbolkärtchen auswählen, benennen und aufkleben
- Mit Namen kennzeichnen und in der Waldecke aufhängen
- Kontrolle entfällt

Herstellung/Beschaffung:
- Material in Fachgeschäften erhältlich
- Symbolkärtchen siehe Kopiervorlagen 4

Sonderpädagogische Hinweise:
- Das Angebot unterschiedlicher Symbolkärtchen (Bild, Gebärde, Schriftbild) ermöglicht dem Schüler die Wahl entsprechend seiner Mitteilungsebene

- Das Material setzt die Erarbeitung der Symbolkärtchen voraus: die Inhalte sind Ergebnisse von Schülerüberlegungen
- Ohne Vorerfahrungen mit Farbmischungen statt gelb und blau einen grünen Stift bereitstellen
- Für schwächere Schüler:
  - Malen mit anderen Utensilien, z.B. Wachsmalstiften
  - Baumgestalt zum Ausmalen vorgeben

Variationen:
- Schüler gestalten oder schreiben ihre Symbolkarte selbst

Abb. 62

Töne zuwerfen (P)

Material: 2 große Xylofone, 2 Schlägel

Aspekte:
- Kommunikation
- Wahrnehmung
- Motorik

Kompetenzen:
- Vollziehen eines Handlungsdialoges
- Beachten von Gesprächsregeln:
  - Zuhören
  - Abwechselnd sprechen
  - Den Partner ansehen
  - Sich auf den anderen beziehen
- Koordinieren von Auge und Hand

Bezug:
- Musikunterricht: hohe und tiefe Töne
- Waldecke
- Hinführung zu den Dialogen im darstellenden Spiel
- Materialien: Ich male dich, Chinaball

Handhabung/Kontrolle:
- Sich in der Waldecke einander zugewandt hinsetzen
- Ein Schüler schlägt einen Ton an und wirft diesem seinem Partner zu, indem er mit einer weiten Armbewegung den Schlägel in dessen Richtung führt
- Der Partner hört und schaut und wartet bis der Ton angekommen ist und antwortet analog
- Kontrolle entfällt, Lehrkraft kann Hinweise geben

Herstellung/Beschaffung:
- Instrumente aus dem Musikraum

Sonderpädagogische Hinweise:
- Bei der Einführung ist die Armbewegung (Zuwerfen des Tons) mit besonderer Deutlichkeit und Akzentuiertheit ausführen, da sie die Einhaltung der Gesprächsregeln sehr erleichtert

Variationen:

- Die Tonhöhe des Partners aufgreifen und wechselweise die Führung übernehmen
- Gemeinsam ein kleines Lied spielen und singen

Abb. 63

Tiere ° *

Material: Holzkiste mit Stofftieren, Abbildungen, Gebärdenkarten

Aspekte:
* Kommunikation
* Welterschließung

Kompetenzen:
* Benennen von ausgewählten Tieren (Bezeichnungen)
* Nennen der Eigennamen
* Vollziehen von Gebärdenfolgen

Bezug:
* Bilderbuchgeschichte „Ein Märchen im Wald"
* Hinführung zum darstellenden Spiel
* Materialien: Die Maus sucht ein Haus, Tischtheater, Quiz

Handhabung/Kontrolle:
* Stofftiere einzeln aus der Kiste nehmen, benennen und nebeneinander anordnen
* Gebärdenkarten (Tierbezeichnungen und Eigennamen) zuordnen und gebärden
* Kontrolle: kleine Tierabbildungen auf der Rückseite oder durch die Lehrkraft

Herstellung/Beschaffung:
* Stofftiere von den Schülern („Hausaufgabe")
* Gebärdenabbildungen (Kopiervorlagen 8) kopieren und laminieren

Sonderpädagogische Hinweise:
* Das Material erweitert sich sukzessiv entsprechend der Einführung der Tiere
* Differenzierung durch Anzahl der Tiere
* Für schwerbehinderte Schüler: Tasterfahrungen mit den Stofftieren
* Das Material eignet sich zum Arbeiten ohne Stütze oder nur mit emotionaler Stütze sowie zur Stützrücknahme oder Übungen zum Blindstützen

Variationen:
- Erweitern mit Schriftbildern
- Als Partnerarbeit:
- Memory: Tierbezeichnung – Eigenname
- Quiz: Welches Tier heißt so: Ein Schüler gebärdet den Eigennamen, der Partner bezeichnet das Tier
- Tierbegegnungen: Stofftiere sprechen analog der Bilderbuchgeschichte
- Benennen der Einzelteile der Tiere entsprechend der Tiersteckbriefe (Plakate mit Stichwörtern, Gebärden, Fotos im Klassenraum)
- Abschreiben der Tierbezeichnungen ohne Stütze (Idee von Jens!)

Abb. 64

Die Maus hat sich versteckt

Material: große Holzkiste, Laub, Stoffmaus, Augenbinde

Aspekte:
- Kommunikation
- Wahrnehmung

Kompetenzen:
- Entwickeln von sachgebundener Eigenaktivität
- Erfahren unterschiedlicher Tastqualitäten
- Benennen des entdeckten Tieres
- Das Entdeckte anderen mitteilen

Bezug:
- Walderfahrungen
- Bilderbuchgeschichte „Ein Märchen im Wald"
- Materialien: Tiere, Die Maus sucht ein Haus, Legespiel Maus

Handhabung/Kontrolle:
- Maus im Laub durch Tasten finden (Abb. 65)
- Mit der Maus spielen, sie befühlen, betrachten, benennen, anderen zeigen
- Selbstkontrolle: die entdeckte Maus

Herstellung/Beschaffung:
- Laub mit den Schülern sammeln
- Stoffmaus von den Schülern („Hausaufgabe")

Sonderpädagogische Hinweise:
- Differenzierung durch die Menge des Laubs
- Das Material kann für andere Tiere entsprechend abgewandelt werden
- Kommunikationsanlass für die Hofpause bietet das gemeinsame Sammeln von Laub (es ist nur ein Sammelbehälter vorhanden), damit sich die Maus noch besser verstecken kann

Variationen:
- Ergänzungsmaterialien für leistungsstärkere Schüler:
  - Tablett mit Stiften und Papier zum Malen der Maus
  - Schriftbild, Linienblatt zum Schreiben des Wortes
  - Buchstabenkarten zum Legen des Wortes

Freude ° (P)

Material: Tablett, Geschenktüte mit schönen kleinen Dingen (z.B. Windlicht, Holztiere, Fensterkristalle), Briefumschlag mit Abbildungen, Gebärden-, Wortkarten

Aspekte:
- Kommunikation
- Welterschließung
- Ich und andere

Kompetenzen:
- Benennen von Gegenständen
- Sich in andere einfühlen
- Überlegungen austauschen
- Entwickeln des Sinns für schöne Dinge

Bezug:
- Religion: Thema „Freude schenken"
- Wichtelpäckchen (Adventskalender)

Handhabung/Kontrolle: (Abb. 66)
- Abwechselnd einen Gegenstand befühlen, aus der Tüte nehmen, benennen
- Sich austauschen, welches Mitglied der Klassengemeinschaft sich darüber besonders freuen würde

Herstellung/Beschaffung:
- Schule, Haushalt
- Kopiervorlagen 5

Sonderpädagogische Hinweise:
- Die Kopiervorlage kann nur eine Anregung geben, da die auszuwählenden Dinge von den Schülern abhängen
- Das Angebot von Abbildungen, Gebärdenkarten und Wortkarten ermöglicht dem Schüler das Benennen entsprechend seiner Möglichkeiten und Vorlieben
- Für schwerbehinderte Schüler: Tasterfahrungen

Variationen:
- Ein Schüler sucht ein „Geschenk" für den Partner aus (Schüleridee!)
- Dem Partner ein Geschenk malen (Schüleridee!)

Abb. 65

Abb. 66

Die Maus sucht ein Haus *

Material: Spielmaus, Gebärdenkarten: Maus, Haus, sucht, groß, klein, laut, Bildkarten: Maus mit „Häusern" (Gitarre, Streichholzschachtel, Eimer)

Aspekte:
* Kommunikation
* Wahrnehmung
* Welterschließung

Kompetenzen:
* Benennen von bildlich dargestellten Eigenschaften
* Übung des Bewegungsablaufs von Gebärden mit Hilfe von Gebärdenabbildungen
* Legen und Vollziehen einer Gebärdenfolge (3-Wort-Satz)
* Nach einem benötigten Gegenstand fragen

Handhabung/Kontrolle:
* Bild- und Gebärdenkarten einander zuordnen und dazu gebärden
* Selbstkontrolle durch Farbmarkierungen auf der Rückseite oder durch die Lehrkraft
* Nach dem Schlüssel für die Spielmaus fragen

Herstellung/Beschaffung:
* Kopieren und laminieren ausgewählter Abbildungen, Malen der Maus
* Gebärdenabbildungen: selbst malen oder aus Gebärdensammlungen entnehmen
* Spielmaus: Spielwarengeschäft

Sonderpädagogische Hinweise:
* Differenzierung durch Anzahl der Bild- und Gebärdenkarten
* Das Material setzt voraus, dass die Schüler die Eigenschaften erfahren und die Gebärden in den Erfahrungssituationen kennen gelernt haben
* Die Gebärdenabfolge bei der Einführung des Materials aufbauen: Maus, Maus-Haus, Maus-sucht-Haus
* Der Schlüssel zum Aufziehen der Spielmaus wird im Schrank aufbewahrt, da diese Handlung zum Vermeiden eines „Überdrehens" der Anwesenheit einer Lehrkraft bedarf – ein motivierender Übungsanlass nach etwas zu fragen

- Das Material eignet sich für Schüler, die mit FC arbeiten zum Üben des ungestützten Zuordnens, des Ausblendens der Stütze und des Blindstützens

Variationen:
- Erweitern mit entsprechenden Textkarten, z.B. „Ist das ein gutes Haus? Nein, es ist zu laut!"
- Partnerarbeit: Ein Schüler zeigt eine Bild- oder Gebärdenkarte, der Partner gebärdet

Abb. 67

Tischtheater (P)

Material: Körbchen, Holzfiguren, Tücher

Aspekte:
- Kommunikation
- Ästhetik

Kompetenzen:
- Im Rollenspiel die Geschichte nachvollziehen und die Dialoge sprechen
- Mehrwortsätze bilden
- Sich um Verständlichkeit bemühen
- Gesprächsregeln beachten
- Treffen von Absprachen
- Kreatives Gestalten mit den Tüchern (Szenenlandschaft)

Bezug:
- Bilderbuchgeschichte, darstellendes Spiel
- Materialien: Die Maus sucht ein Haus, Töne zuwerfen, Tiere, Bilderbuch

Handhabung/Kontrolle:
- gemeinsames Gestalten der Szenenkulisse mit den Tüchern
- Nachspielen der Geschichte und sprechen der Dialoge
- Kontrolle durch den Partner

Herstellung/Beschaffung:
- Holzfiguren in Spielzeuggeschäften erhältlich

Sonderpädagogische Hinweise:
- Das Material erweitert sich sukzessiv entsprechend der Einführung im Vorhabenunterricht und zielt zunächst auf den individuellen handelnden Nachvollzug. Mit dem Gestalten der Geschichte als darstellendes Spiel bilden die Dialoge den Schwerpunkt
- Auch mit Gebärden kann man sich um Verständlichkeit bemühen, indem man die Bewegungsabläufe deutlich ausführt
- Das Material regt sprechende Schüler neben der Übung des Rollentextes zu vielfältigen Äußerungen an

Variationen:
- Handelnder Nachvollzug ohne Text
- Als Einzelarbeit: Individuelle Auseinandersetzung mit der Geschichte

Gebet *

Material: Holztablett, Gebärdenkarten, Text mit unterstrichenen Schlüsselwörtern, Kontrollkarte

Aspekte:
- Kommunikation
- Religion

Kompetenzen:
- Einprägen des Gebetes
- Sprechen des Gebetes

Bezug:
- Baumerfahrungen
- Tägliches Beten vor dem Frühstück

Handhabung/Kontrolle:
- Ordnen der Gebärdenkarten entsprechend des Textes (falls notwendig Kontrollkarte zur Orientierung zu Hilfe nehmen)
- Vergleich mit der Kontrollkarte
- Sprechen des Textes

Herstellung/Beschaffung:
- Kopiervorlagen 2 und 3

Sonderpädagogische Hinweise:
- Differenzierung durch Anzahl der Schlüsselwörter
- Sprechenden Kindern helfen die Gebärdenkarten den Wortlaut des Gebetes zu behalten und selbstständig vorzubeten
- Durch tägliche Wiederholung und Anwendung des Gelernten können die Gebärdenfolgen besser behalten werden
- Die Gebärdenabbildungen ermöglichen Schülern, die sich für Schrift interessieren das Einprägen der Wortbilder der Schlüsselwörter

Variationen:
- als Partnerarbeit

Tierquiz (P)

Material: Pinwand, Pinstecker, Körbchen mit Tierabbildungen, Körbchen mit Abbildungen von Tiereigenschaften

Aspekte:
* Kommunikation
* Welterschließung

Kompetenzen:
* Gewinnen eines Partners
* Fragen formulieren
* Antworten
* Kenntnis von Eigenschaften ausgewählter Tiere

Bezug:
* Bilderbuch und darstellendes Spiel „Ein Märchen im Wald"
* Materialien: Tiere, Tischtheater, Legetafel Maus, Legetafel Frosch, Legetafel Hase, Legetafel Fuchs

Handhabung/Kontrolle:
* Mit Lautsprache (Zielstruktur „Willst du mein Partner sein?") oder Gebärden (Zielstruktur „du-mir-arbeiten?") oder individuellen Gesten einen Partner suchen
* Mit Lautsprache (Zielstruktur „Was hat die Maus?") oder Gebärden (Zielstruktur „Was-Maus?") und/oder Aufhängen einer Tierabbildung eine Frage formulieren
* Mit Lautsprache (Zielstruktur „Die Maus hat einen körperlangen Schwanz") oder Gebärden (Zielstruktur „lang-Schwanz") und/oder Aufhängen einer Abbildung die Antwort geben
* Kontrolle durch den Partner
* Wechseln der Rollen

Herstellung/Beschaffung:
* Abbildungen siehe Kopiervorlagen 9
* Pinwand: aus eigenem Haushalt ausleihen oder „Hausaufgabe"

Sonderpädagogische Hinweise:
*   Bei der Einführung besonderen Wert auf die Formulierungen der Fragen und Antworten legen
*   Das Material setzt die Kenntnis der Tiere und deren Eigenschaften voraus
*   Differenzierung durch Anzahl der Tiere

Variationen:
*   als Gruppenarbeit
*   Mit den Eigenschaften nach dem Tier fragen

Abb. 68

Ich male dich (P)

Material: Staffelei, schwarzer Holzstift, Papier

Aspekte:
- Kommunikation
- Welterschließung
- Ich und andere

Kompetenzen:
- Den Partner in seiner Individualität wahrnehmen
- Äußere und innere Charakteristika erkennen
- Wahrgenommene Charakteristika gestalterisch und „verbal" ausdrücken

Bezug:
- Begegnung des kleinen Prinzen mit dem Fuchs
- Thema „Ich bin mit dir vertraut"

Handhabung/Kontrolle:
- Einen Mitschüler auswählen und genau betrachten
- Beim Malen wahrgenommene Charakteristika deutlich machen
- Dem Partner seine Zeichnung erklären/beschreiben

Herstellung/Beschaffung:
- beim Kauf der Staffelei Sonderangebote suchen

Sonderpädagogische Hinweise:
- Die Staffelei erhöht den Anreiz
- Die eigene Interpretation ist von besonderer Bedeutung, da die graphischen Fähigkeiten der Schüler dem Betrachter nicht immer ermöglichen das Wesentliche zu sehen

Ergebnisse unserer Klasse:
- Tom malt Timo sehr große Ohren und erklärt, dass Timo gut zuhören kann
- Jens malt Timo einen Kreis in den Rumpf und schreibt mittels FC: „Timo sieht mit dem Herzen gut"
- Renate malt Anke und betont ihr weizenblondes Haar
- Timo malt Renate mit einem großen Lachmund und erklärt „Renate ist lieb, sie hat ein frohes Gesicht"

Kopiervorlage 1: Der Baum erzählt

Teil1:

Ich, euer Baum, stehe neben der Schule auf der großen Wiese. Hier ist viel Platz und ich kann mich richtig ausbreiten. Ich bin hoch in den Himmel gewachsen, immer der Sonne entgegen. Mein Stamm ist dick und dicker geworden. Er trägt die mächtige Krone aus vielen, vielen Ästen und Blättern

Teil 2:

Ich liebe meinen Platz hier auf der Wiese, weil ich immer wieder neue Menschen kennen lerne: Kinder und Erwachsene. Manche kommen, um sich zu verstecken; manche sammeln meine Blätter; manche kommen, um mich zu streicheln oder auszumessen und nur wenige wagen es an mit hochzuklettern.

Teil 3:

Wenn ihr mich auf der Wiese besucht, könnt ihr einen ganz großen Teil von mir nicht sehen. Dieser Teil von mir ist unter der Erde. Es sind meine Wurzeln. Ich habe dicke Wurzeln und kleine, dünne Wurzeln. Alle meine Wurzeln geben mir Halt. Kein Sturm kann mich umpusten. Die Wurzeln krallen sich in der Erde fest. Meine Wurzeln versorgen mich auch mit Nahrung. Sie saugen aus der Erde das Wasser. Viele hundert Liter am Tag. So können mein Stamm, meine Äste und meine Blätter wachsen. Gut, dass ich Wurzeln habe.

Teil 4:

Heute möchte ich euch von meinem Stamm erzählen. Ihr habt ihn ja schon umfasst und gespürt, wie kräftig er ist. Gut, dass meine Rinde mich wie eine dicke Haut schützt. Hinter meiner Rinde können das Wasser und die Nahrung aus den Wurzeln hoch in die Blätter fließen. Jedes Jahr werde ich etwas dicker. Wenn ich einmal umgesägt werde, kann man an meinem Stamm zählen, wie alt ich bin. Für jedes Jahr ist ein Ring in meinem Stamm zu sehen.

Teil 5:

Ich habe euch von meinen Wurzeln erzählt und von meinem Stamm. Heute möchte ich euch von meiner Krone aus Ästen erzählen. Die vielen, vielen Äste meiner Krone ragen wie Arme in alle Richtungen. Hoch hinauf in den Himmel strecken sie sich. In ihnen halten sich immer gerne Vögel auf; besonders wenn ich Blätter trage verstecken sie sich hier gerne.

Anmerkung zu Kopiervorlage 1:

Der Text entstand in Anlehnung an die Vorlage „Was mir der Baum vom Leben erzählt" (siehe Lit.), abgewandelt für die eigene Klasse, vergrößert und mit Fotos vom Baum der Schulwiese versehen und ist ebenso als Anregung gedacht.

122

Kopiervorlage 2: Gebet "Gott schenk diesem Baum die Kraft" (auch als Kontrollkarte für die Schüler zu verwenden)

Gott, schenk' diesem Baum die Kraft,

dass er das Wachsen ganz leicht schafft,

schenk' ihm Sonne, Regen, Wind,

dann erfreut er jedes Kind.

Gott, schenk' diesem Baum die Kraft,

dass er das Wachsen ganz leicht schafft.

Kopiervorlage 3: Gebärden zum Gebet (gezeichnet von Heike Roth, Pädagogische Fachkraft)

schauen	hören	sprechen
spielen	bauen	feiern
		teilen/ schenken

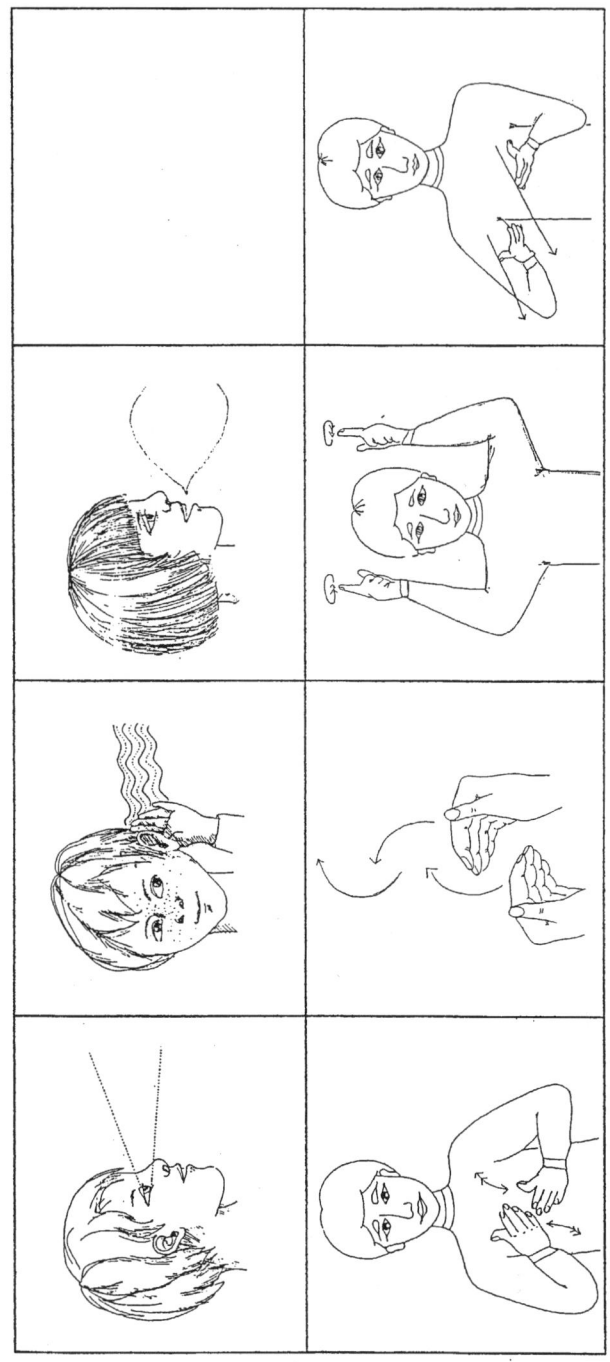

Kopiervorlagen 5: Womit kann ich anderen eine Freude machen?
(Bilder gezeichnet von Heike Roth)

kleines Holztier	kleines Bilderbuch	
japanischer Papierball	Fenster-kristall	
kleines Windlicht	Bastel-arbeit	

Kopiervorlage 6: Sprungabfolge Frosch (entnommen aus einem Biologiebuch)

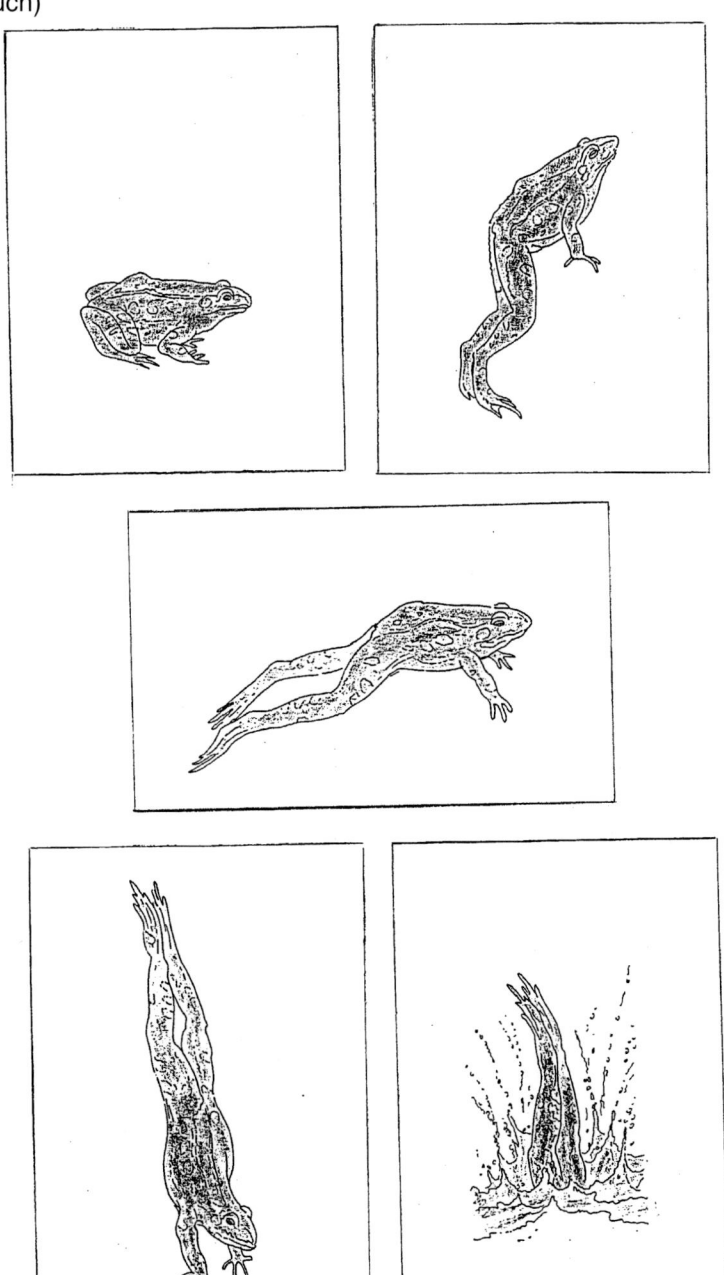

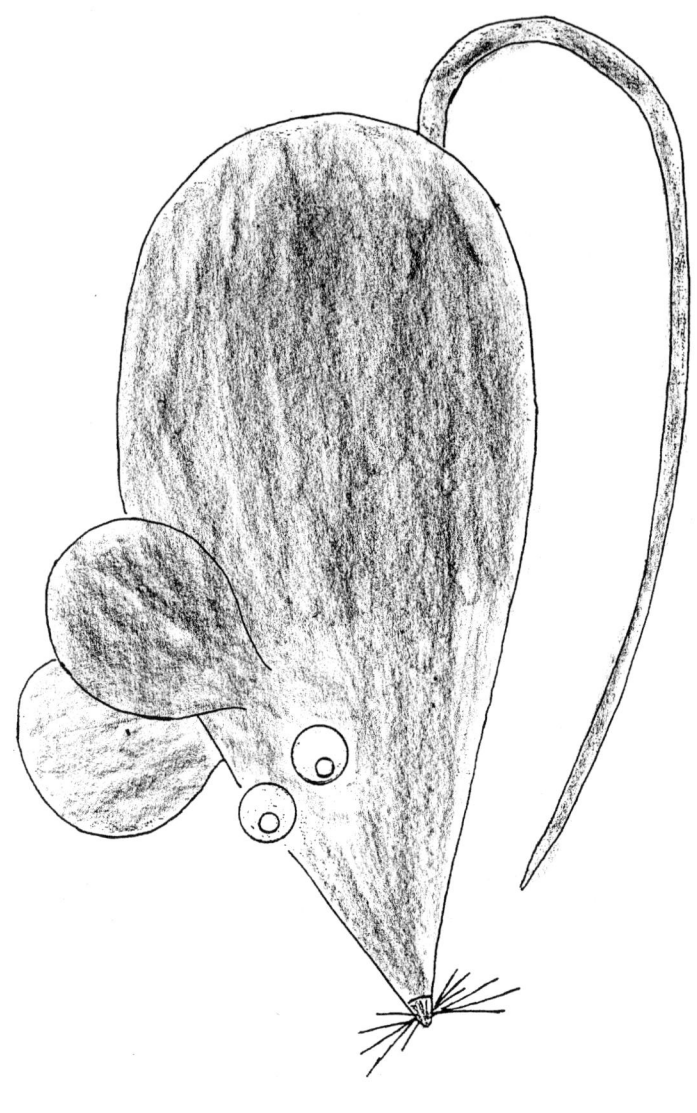

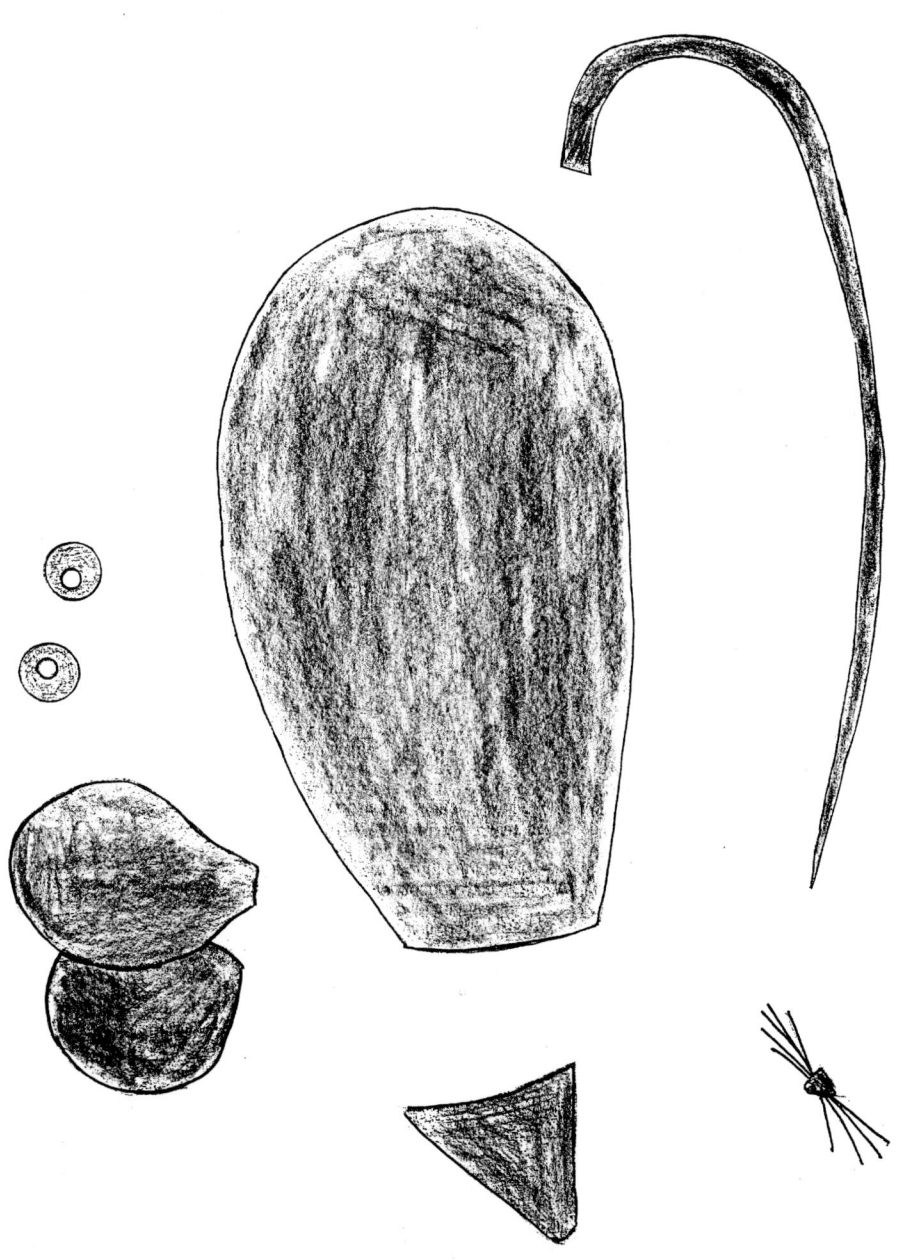

131

Kopiervorlagen 8: Gebärden für Tierbezeichnungen und Eigennamen
(gezeichnet von Heike Roth)

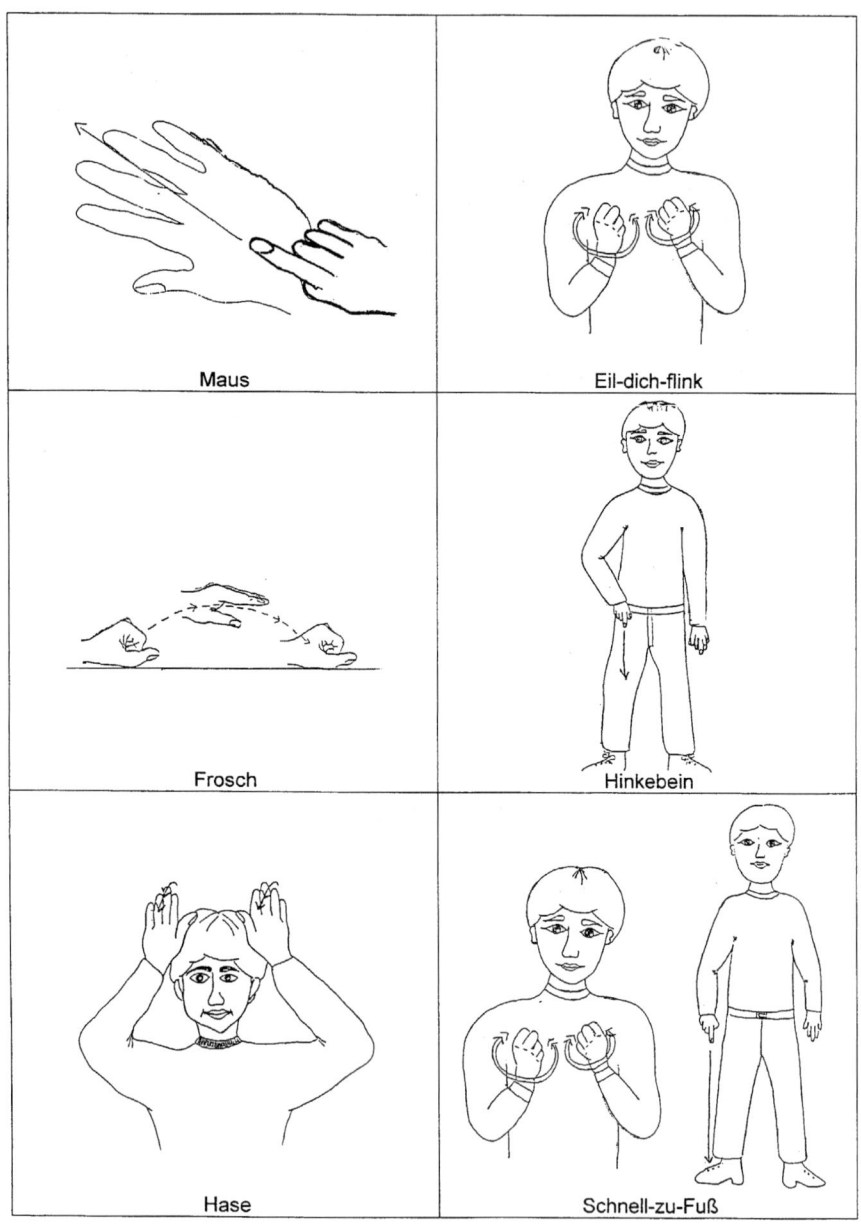

Maus	Eil-dich-flink
Frosch	Hinkebein
Hase	Schnell-zu-Fuß

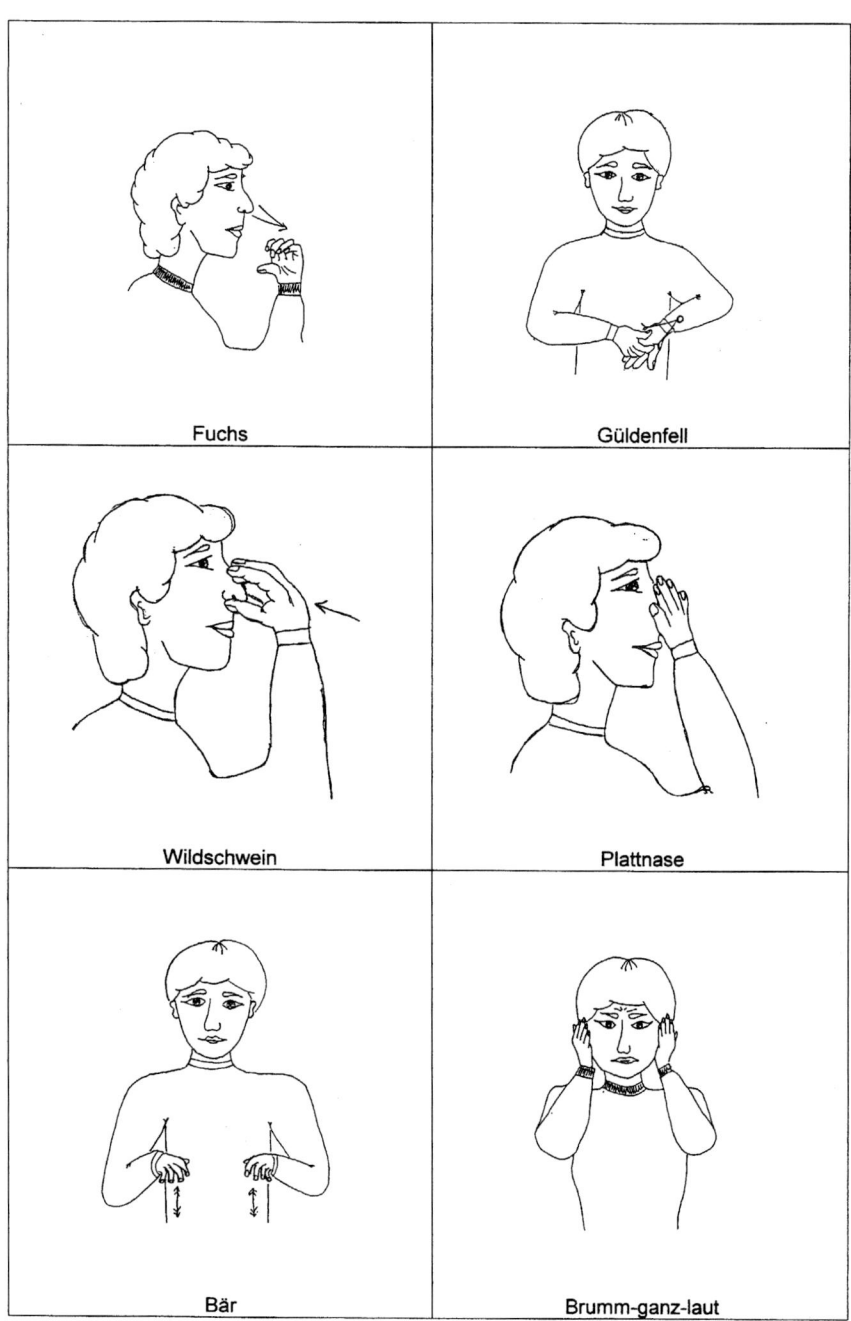

Fuchs

Güldenfell

Wildschwein

Plattnase

Bär

Brumm-ganz-laut

Kopiervorlagen 9: Tiere und Tierteile (gezeichnet von Heike Roth)

	Maus
	Frosch
	Fuchs
	Hase

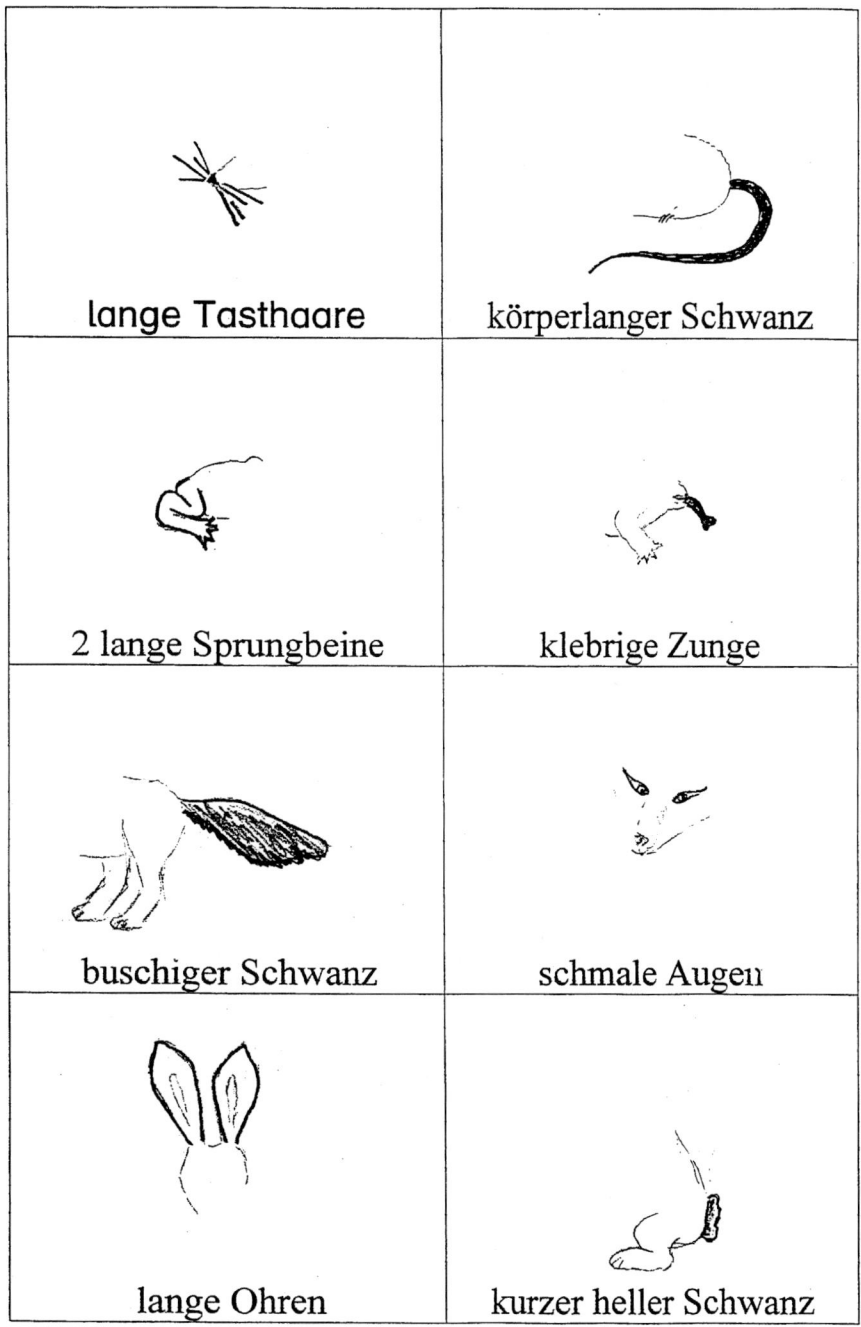

lange Tasthaare	körperlanger Schwanz
2 lange Sprungbeine	klebrige Zunge
buschiger Schwanz	schmale Augen
lange Ohren	kurzer heller Schwanz

Kopiervorlagen 10: Materialsymbolkärtchen (gezeichnet von Heike Roth)

Über die Autorinnen:

Monika Köhnen, Sonderschullehrerin, seit 1980 an verschiedenen Sonderschulen mit unterschiedlichen Förderschwerpunkten tätig, Mitglied der Fachdidaktischen Kommission zur Erarbeitung von Richtlinien und Lehrplan für die Schule mit dem Förderschwerpunkt ganzheitliche Entwicklung, Autorin weiterer Hefte der Übungsreihen für Geistigbehinderte.

Erika Roos, Erzieherin mit Sonderpädagogischer Zusatzausbildung, 1976 Montessori-Diplom, Tätigkeiten als Leiterin einer Tagesstätte für körperbehinderte Kinder und Pädagogische Fachkraft an einer Sonderschule für Gehörlose und Hörbehinderte sowie einer Sonderschule für Geistigbehinderte, Mitautorin des Heftes „Vorhabenorientierte Freiarbeit".

Beide arbeiten seit 10 Jahren zusammen:
- im Team einer Unterstufenklasse der Levana Schule Schweich, Schule mit dem Förderschwerpunkt ganzheitliche Entwicklung
- bei der Entwicklung von Realisierungsmöglichkeiten selbstgesteuerten Lernens
- bei der Umsetzung Unterstützter Kommunikation im Unterricht
- als Referentinnen in der Erzieherausbildung und Lehrerfortbildung, bei der Gestaltung von schulinternen Fortbildungen in Rheinland-Pfalz und Seminaren zur „Freiarbeit mit Geistigbehinderten" und „Unterstützten Kommunikation" in der BRD.

Zum vorliegenden Heft haben die Autorinnen ein **Gebärdenvideo** erstellt, um Eltern und Lehrkräften den Einstieg ins „Gebärden" zu erleichtern. Das Video bietet:
- deutliche Demonstration des Bewegungsablaufs ausgewählter Gebärden nach der Deutschen Gebärdensprache (DGS)
- Gebärden aus dem Unterrichtsalltag: Tagestafel, Unterrichtssituationen (Stundenplan)
- Gebärden aus den grundlegenden Bereichen: Mahlzeiten, Spiel, Sport und Freizeit, Körperbau und Körperpflege, Bekleidung
- Gebärden zu den vorgestellten Vorhaben: Wald, Gebet, Klassengemeinschaft, Tiere, „Ein Märchen im Wald, Lied „Wärme kann man teilen"

Das Video kann über folgende Kontaktadressen bezogen werden:
Erika Roos, Kapellenweg 1, 54338 Schweich
MKoehnen@t-online.de

Raum für Notizen:

Raum für Notizen:

Raum für Notizen:

Raum für Notizen:

Übungsreihen für Geistigbehinderte

◆ **Lehrgang A: Umgang mit Mengen, Zahlen und Größen**

Heft A1: Susanne Dank
Geistigbehinderte lernen die Uhr im Tagesablauf kennen
3. Aufl. 1997, 76 S., Format DIN A 4, geh
ISBN 3-8080-0207-7   Bestell-Nr. 3602, € 9,60

Heft A3: Ursula Waskönig / Christiane Hardtung
Geistigbehinderte benutzen Hohlmaße
1994, 72 S. (davon 39 Kopiervorlagen), Format DIN A 4, geh,
ISBN 3-8080-0305-7   Bestell-Nr. 3620, € 12,80

Heft A5: Susanne Dank
Geistigbehinderte lernen den Umgang mit dem Längenmaß
2. Aufl. 1995, 84 S., Format DIN A 4, geh
ISBN 3-8080-0262-X   Bestell-Nr. 3609, € 9,60

Heft A8.1-A8.2: Franziska Reich
Anbahnung des Zahlbegriffs bei Geistigbehinderten:
    Heft A8.1: **Theoretische Einführung**
    2. Aufl. 1997, 40 S., Format DIN A4, geh
    ISBN 3-8080-0288-3   Bestell-Nr. 3613, € 10,20

    Heft A8.2: **Geistigbehinderte lernen Voraussetzungen zum Zählen**
    2. Aufl. 1996, 44 S., Format DIN A 4, geh
    ISBN 3-8080-0289-1   Bestell-Nr. 3614, € 10,20

    Heft A8.3: **Geistigbehinderte lernen zählen**
    2. Aufl. 1997, 48 S., Format DIN A4, geh
    ISBN 3-8080-0290-5   Bestell-Nr. 3615, € 10,20

◆ **Lehrgang B: Sprache**

Heft B: Werner Günthner
Lesen und Schreiben an der Schule für Geistigbehinderte
2., verb. Aufl. 2000, 128 S., <u>16x23cm, br (neues Format!)</u>
ISBN 3-8080-0460-6   Bestell-Nr. 3633, € 10,20

Heft B1: Susanne Dank
Geistigbehinderte lernen ihren Namen lesen und schreiben
4. Aufl. 1998, 40 S., Format DIN A 4, geh,
ISBN 3-8080-0298-0   Bestell-Nr. 3601, € 9,60

Heft B2: Anneliese Berres-Weber
Geistigbehinderte lesen ihren Stundenplan
1995, 190 S., davon 116 S. Kopiervorlagen, Format DIN A4, im Ordner
ISBN 3-8080-0302-2   Bestell-Nr. 3622, € 40,00

◆ **Lehrgang D: Lebenspraktisches Training**

Heft D1: Susanne Dank
Geistigbehinderte pflegen ihren Körper
Fitneß-Training / Hygiene / Herstellung von Kosmetika
3. Aufl. 1995, 79 S., Format DIN A 4, geh,
ISBN 3-8080-0303-0   Bestell-Nr. 3603, € 10,20

◆ **Lehrgang E: Arbeitslehre**

Heft E1: Barbara Hasenbein
Geistigbehinderte nähen mit der Nähmaschine
1996, 112 S., viele Kopiervorlagen, Format DIN A4, br
ISBN 3-8080-0361-8   Bestell-Nr. 3626, € 15,30

◆ **Lehrgang G: Sport**

Heft G1: Rudolf Lause
Geistigbehinderte erlernen das Schwimmen
3. Aufl. 1998, 52 S., Format DIN A 4, geh
ISBN 3-8080-0273-5   Bestell-Nr. 3610, € 10,20

Heft G2: Rudolf Lause
Geistigbehinderte erleben das Wasser
2. Aufl. 1997, 40 S., Format DIN A 4, geh
ISBN 3-8080-0306-5   Bestell-Nr. 3621, € 9,60

Heft G3: Rudolf Lause
Geistigbehinderte Schüler spielen ausgewählte Ballspiele
2. Aufl. 1998, 56 S., Format DIN A 4, geh
ISBN 3-8080-0327-8   Bestell-Nr. 3624, € 10,20

◆ **Lehrgang H: Schwerpunkte der Förderung**

Heft H2: Monika Köhnen
Freiarbeit macht Spaß
2., verb. Aufl. 2002, 56 S., Format DIN A 4, geh
ISBN 3-8080-0504-1   Bestell-Nr. 3630, € 10,20

Heft H3: Monika Köhnen
Ganzheitliche Sprachförderung im Zirkus Riesengroß
1998, 112 S., <u>16x23cm, br (neues Format!)</u>
ISBN 3-8080-0406-1   Bestell-Nr. 3631, € 10,20

Heft H4: Monika Köhnen / Erika Roos
Vorhabenorientierte Freiarbeit
1999, 144 S., <u>16x23cm, br (neues Format!)</u>
ISBN 3-8080-0436-3   Bestell-Nr. 3634, € 15,30

Heft H5: Monika Köhnen / Erika Roos
Nichtsprechende Kinder reden mit
2002, 144 S., <u>16x23cm, br (neues Format!)</u>
ISBN 3-8080-0487-8   Bestell-Nr. 3636, € 15,30

◆ **Lehrgang K: Kunst / Werken / Gestalten**

Heft K1: Kerstin Gebauer
Werken mit mehrfach behinderten SchülerInnen
Werktechnische Bildung unter förderpädagogischem Aspekt
2002, 56 S., <u>16x23cm, br (neues Format!)</u>
ISBN 3-8080-0496-7   Bestell-Nr. 3637, € 10,20

Heft K2: Kerstin Gebauer
Das bin ich
Gestalten von Körperbildern
ca. Juni 2003, ca. 60 S., <u>16x23cm, br (neues Format!)</u>
ISBN 3-8080-0523-8   Bestell-Nr. 3638, € 10,20

Heft K3: Kerstin Gebauer
Fördern durch Gestalten
Mehrfach behinderte SchülerInnen arbeiten mit Ton
ca. März 2004, ca. 60 S., <u>16x23cm, br (neues Format!)</u>
ISBN 3-8080-0524-6   Bestell-Nr. 3639, € 10,20

• Bitte fordern Sie unser Gesamtverzeichnis kostenlos an! •

verlag modernes lernen - Dortmund

Hohe Straße 39 · D-44139 Dortmund ☎ (0231) 12 80 08 • FAX (0231) 12 56 40

1/03